Herausgegeben von
GUNTHER WENZ

Wer sind wir?

Aspekte einer Menschheitsfrage

Festschrift für Dr. Bernd Deininger
anlässlich seines 70. Geburtstags

Vier-Türme-Verlag

Bibliografische Information der Deutschen Nationalbibliothek

Die Deutsche Nationalbibliothek verzeichnet diese Publikation in der Deutschen Nationalbibliografie. Detaillierte bibliografische Daten sind im Internet über http://dnb.d-nb.de abrufbar.

1. Auflage 2017
© Vier-Türme GmbH, Verlag, Münsterschwarzach 2017
Alle Rechte vorbehalten

Gestaltung: Dr. Matthias E. Gahr
Bildmotiv: © Officina77 / fotolia.com
ISBN 978-3-7365-0128-7

www.vier-tuerme-verlag.de

INHALT

Einleitung

GUNTHER WENZ

In manchen Fragen ist bereits ein Hinweis auf ihre Beantwortung enthalten. Für die Frage, wer sind wir, trifft das offenkundig zu. Wir sind als Menschen Wesen, die sich selbst fraglich sind. Fraglichkeit gehört unveräußerlich zu unserer Existenz und ist ein charakteristisches Kennzeichen menschlichen Daseins.

Was ist der Mensch? Um in den anthropologischen Kontext einzuführen, in dem sich die Beiträge des vorliegenden Sammelbandes allesamt bewegen, sei an eine alte Geschichte erinnert, der aktuelle Relevanz für das Verständnis des Menschen kaum zu bestreiten ist. Obwohl fiktiver Natur enthält sie unzweifelhaft Wahrheitsmomente von bleibender Bedeutung. Geschrieben hat sie ein Mann namens Abu Bakr Ibn Tufail wahrscheinlich in den Jahren um 1180. Der Titel des weniger an professionelle Philosophen als an ein philosophisch interessiertes Allgemeinpublikum adressierten Werkes lautet: Der Philosoph als Autodidakt. Ein philosophischer Inselroman.[1] Ibn Tufail, ein älterer Zeitgenosse des im europäischen Mittelalter als Aristoteleskommentator zu Berühmtheit gelangten arabischen Philosophen und Arztes Ibn Ruschd alias Averroes, erzählt darin die Geschichte von Hayy Ibn Yaqzan, was auf Deutsch der Lebende, Sohn des Wachenden heißt.

Zur Herkunft von Hayy sind zwei Versionen im Umlauf: Nach der ersten handelt es sich bei ihm um das Ergebnis der ungewollten Schwangerschaft einer Prinzessin, die ihr Kind – ähnlich wie einst die Pharaotochter das Mosebaby – in eine Kiste gelegt und dem Meer (nicht dem Nil) übergeben habe, woraufhin es am Ufer einer unbewohnten Nachbarinsel gestrandet sei. Gemäß der anderen – interessanteren – Version ist der kleine Menschensohn ganz ohne Vater und ohne Mutter in der Inseleinsamkeit durch, wie es heißt, Spontangenese aus einer gärenden Lehmmasse entstanden, in deren Mitte sich eine kleine zweigeteilte Blase bildete, mit der sich der lebensspendende Gottesgeist verband und zwar zu einer derart engen und innigen Gemeinschaft, »daß es sowohl für die Sinne als auch für den Intellekt kaum möglich ist, die beiden voneinander zu lösen« (ebd.). Sie sind, wenn man so will, ein Herz und eine Seele geworden.

Was ist der Mensch? Eine differenzierte Einheit von Leib, Seele und Geist lautet Ibn Tufails erste Antwort, kein Gott, aber auch kein bloßes Tier, sondern ein Wesen mit einer Sonderstellung in der Natur, der er zwar von Hause aus angehört, aber ohne in ihr eine bleibende Heimat zu finden. Es ist bemerkenswert und ganz im Sinne der sog. Philosophischen Anthropologie der Moderne, wie Ibn Tufail

---

1   Abu Bakr Ibn Tufail, Der Philosoph als Autodidakt. Ein philosophischer Inselroman. Übers., mit einer Einleitung und Anmerkungen hg. v. P. O. Schaerer, Hamburg 2009. Die nachfolgenden Seitenverweise im Text beziehen sich hierauf.

die Sonderstellung des Menschen im natürlichen Kosmos erklärt. Er stellt Geist und Seele in keinen Gegensatz zum Leib, sondern betrachtet diesen als beseelten Körper und den Geist als jene Größe, welche psychosomatische Selbsttranszendenz und Weltoffenheit ermöglicht. Schon die biologische Verfassung stellt, wie Ibn Tufail anhand einer Schilderung des bis zum siebten Altersjahr reichenden Lebensabschnitts seines Inselknaben verdeutlicht, ein Indiz der eigentümlichen Sonderstellung des Menschengeschöpfs in der Natur dar.

Ganz alleingelassen und auf sich gestellt wäre der kleine Ibn Yaqzan wie jedes Menschenkind unter sieben Jahren nicht lebensfähig, sondern müsste zwangsläufig sterben. Doch ein Mitgeschöpf, eine Gazelle, nimmt sich seiner an wie eine Mutter ihres Kindes. Sie säugt, wärmt und schützt ihn als sei es ihr Lieblingstier. Der Kleine wächst, gedeiht und macht als Tierstimmenimitator auf sich aufmerksam, um allmählich seine eigene Sprache zu finden, die es ihm erlaubt, auf den Begriff zu bringen, was gegenständlich begegnet. Der Erwerb einer Begriffssprache geht einher mit der Ausbildung eines spezifischen Sehevermögens, das nicht mehr am äußeren Anblick haftet, sondern erinnernd zu schauen und sich Dinge vorstellig zu machen vermag, auch wenn sie abwesend sind. Indem er es im Gedächtnis behält, vergegenwärtigt sich Hayy Vergangenes und lernt auf diese Weise denkend vorzugreifen auf das, was noch nicht da, sondern erst künftig ist. Die Ausbildung dieser Fähigkeit hat er mehr als nötig, weil er von Natur aus ein Mängelwesen ist.

Im Vergleich zu anderen Lebewesen kommt der Mensch nicht nur zu früh, sondern auch ohne diejenige Ausstattung zur Welt, welche ihm unter Naturbedingungen das Überleben ermöglicht. Als der kleine Insulaner des Philosophenromans die Tiere um ihn herum zu betrachten beginnt, da sieht er »daß sie mit Fellen, Haaren oder Federn bekleidet waren; er bemerkte ihre Geschwindigkeit im Lauf, ihre Stärke im Kampf und ihre Waffen zur Verteidigung gegen Angreifer, wie Hörner, Zähne, Hufe, Sporne und Krallen. Darauf blickte er auf sich selbst und sah ein, daß er nackt und wehrlos war, ein schlechter Läufer und schwacher Kämpfer in allen Situationen, in denen die Tiere ihm eßbare Früchte streitig machten und ihm diese dann jeweils wegschnappten oder sogar entrissen.« (26) Im Vergleich mit derjenigen seiner animalischen Mitkreaturen mutet die biologische Verfassung des Menschengeschöpfs kümmerlich an. Selbst wenn Hayy »die behinderten oder mißgestalteten Tiere betrachtete, fand er keines, dass ihm ähnlich gewesen wäre« (ebd.). All dies, heißt es zum Schluss der Erzählung seines ersten Lebensabschnittes, bereitete ihm mitsamt seiner sonstigen Blöße »Kummer und Sorge« (27).

Der Mensch ist ein Mängelwesen, aber ein Wesen, das seinen Mangel zu kompensieren vermag. Was macht Hayy bei Eintritt in seinen zum erwachsenen Leben hinführenden zweiten Lebensabschnitt? Er gibt als erstes die kindische Hoffnung auf, an seinem biologischen Defizit auf natürliche Weise etwas prinzipiell ändern zu können und anerkennt realistisch seine natürliche Schwäche, um just in ihr seine eigentümliche Stärke zu erkennen, weil diese ihn nolens volens veranlasst, die Natur einschließlich der eigenen zu transzendieren. Er lernt seine biologische Mängelausstattung, seine Instinktreduktion und seine gegenüber Pfoten und Hufen der Tiere entspezifizierten Hände und Füße kompensatorisch zu nutzen, um so aus einem Nachteil einen Vorzug zu machen. Hayy erschafft sich nicht nur Kleider aus Blättern und Federn, sondern fertigt aus dem Ast eines Baumes auch einen Stock, um mittels dieses und anderen Geräts, dessen instrumentellen Gebrauch er im Laufe seines Lebens immer weiter verfeinert, seinen Handlungsspielraum zu erweitern, die Natur in Schranken zu weisen bzw. sich durch Technik und Kultur eine zweite Natur zu bereiten, in welcher er als Mensch heimisch zu werden vermag.

Technik und Kultur im Sinne der Bearbeitung von Natur gehört zum Menschsein des Menschen, machen seine Humanität aber recht eigentlich noch nicht aus. Damit es zur wirklichen Menschwerdung des Menschen komme, bedarf es noch einer zusätzlichen Einsicht der ganz besonderen, grundstürzenden Art. Für Hayy wird sie durch Leiden, Sterben und Tod seiner Gazellenmutter erschlossen. Mit ihrem Ableben ist seiner Kindheit und dem Naturzustand seines Daseins der endgültige Abschied gegeben, was zwar schrecklich, aber zugleich die Voraussetzung seines Erwachsenwerdens ist. Nach anfänglicher Verzweiflung und trostlosem Seelenkummer fasst sich der Junge ein Herz, um der traurigen Angelegenheit auf den Grund zu gehen. Er seziert die Leiche seiner tierischen Ersatzmutter, um das Prinzip ihres einstigen Lebens zu entdecken; er findet es aber nicht und kommt zu dem Schluss, dass es im materiellen Körper grundsätzlich nicht aufzufinden sei, weil das Wesen des Lebens als unkörperlich und immateriell zu gelten habe. So lernt er, zwischen dem leblosen Körper der Gazelle und der guten Seele zu differenzieren, die wie eine Mutter für ihn war. Die animalische Leiche übergibt er der Erde, um nach erfolgter Bestattung fortzustreben und alles bloß Körperlich-Sinnliche immer weiter hinter sich zu lassen.

Es würde zu weit führen, die anschließenden Lebensstationen, die Ibn Tufail seinen philosophischen Autodidakten im Zuge seines Bildungsromans fortschreitend durchlaufen lässt, im Detail zu verfolgen. Im dritten Lebensabschnitt erkundet der inzwischen 28-jährige stufenweise die Welt und lernt immer genauer die graduelle Durchformung des Materiellen von der anorganischen hin zur organischen und von der vegetatibilischen hin zur animalischen Sphäre kennen. Dabei macht er Beobachtungen, die auch heute noch bemerkenswert sind. Er erforscht die Gesetze, denen bloße Körper folgen, welche, weil gefühllos, ihrer selbst nicht inne und daher zwar da, aber nicht für sich da sind; er studiert die charakteristischen Kennzeichen lebendiger Wesen, die sich ernähren und wachsen wie Pflanzen oder zudem zu Ortsbewegungen und Sinneswahrnehmungen fähig sind wie die Tiere; er klassifiziert und systematisiert, unterscheidet zwischen Individuen, Arten und Gattungen etc., um dann – eine erste Ahnung vom Urheber des Ganzen hatte sich schon eingestellt – ab dem 35. Lebensjahr mehrere Jahre lang, wie es ausdrücklich heißt, nicht mehr nur über Werden und Vergehen des Innerweltlichen, sondern auch darüber nachzudenken, »ob die Welt insgesamt entweder etwas war, das entstanden war, nachdem es zuvor nicht da war und ins Sein trat aus dem Nichtsein, oder ob sie etwas war, das seit jeher immer schon da war, ohne daß ihr auf irgendeine Weise das Nichtsein voranging« (60).

Verlassen wir einstweilen Hayy Ibn Yaqzan in der Mitte seines Lebens, um uns zwischenzeitlich älteren Semestern und dem Symposion zum Thema »Was ist der Mensch?« zuzuwenden, dem die hier versammelten Texte ihre Entstehung verdanken. Das Kolloquium fand Ende November 2016 aus Anlass des 70. Geburtstags des Chefarztes der Klinik für Psychosomatische Medizin und Psychotherapie, Dr. Bernd Deininger, statt und zwar in der Eben-Ezer-Kirche auf dem Gelände des Martha-Maria Krankenhauses Nürnberg, wo der Jubilar nach wie vor aktiv ist. Ihren Namen verdankt das Gotteshaus einem biblischen Ort, der auf Deutsch »Stein der Hilfe« heißt (vgl. 1. Sam 4, 1; 7,12). Was es hinwiederum mit Martha und Maria in biblischer Hinsicht auf sich hat (vgl. Lk 10, 38–42), machte der Vorstandsvorsitzende des nach den beiden ungleichen Schwestern benannten Dikaoniewerkes, Andreas Cramer, in seiner Begrüßungsrede deutlich, in der er sieben Grundlagen und Inhalte für ein »Unternehmen Menschlichkeit« darstellte.

Eingeleitet wurde die Tagung, deren Örtlichkeit als ein signifikantes Zeichen der Zusammengehörigkeit von Leib, Seele und Geist gewertet werden mag, mit einer von Stefan Bott, Stuttgart, moderierten Podiumsdiskussion zwischen dem Münsterschwarzacher Benediktinerpater Anselm Grün und dem Kölner Ordinarius für Tierphysiologie und Neurobiologie Ansgar Büschges. Beide umreißen Horizonte des Tagungsthemas in theologischer und neurobiologischer Perspektive, wobei sie in der Annahme übereinstimmen, dass der Skopus der Anthropologie nicht die Naturalisierung des Geistes, sondern nur die Vergeistigung der Natur sein kann. Dem entspricht die These, wonach auch das Triebleben des Menschen seiner biologischen Natur nach nicht kulturwidrig, sondern auf Kultivierung hin angelegt sei. Mit ihr beschloss der Münchner Psychoanalytiker und Schriftsteller Wolfgang Schmidbauer seine anthropologischen Ausführungen zur biologischen, kulturellen und psychischen Evolution. Eine eigene Fallstudie zum Thema der Tagung, die ihm zu Ehren veranstaltet wurde, trug Bernd Deininger bei: Am Beispiel des Suizids analysierte er Grundsatzentscheidungen über Leben und Tod.

Die menschliche Evolution habe sich nicht nur biologisch, sondern auch und vor allem kulturell vollzogen, heißt es bei Schmidbauer; als »Spezialist für das Nicht-Spezialisiertsein« sei der Mensch wesentlich ein »Kulturtier«, man könnte vielleicht auch sagen: ein musisches Tier, ein »animal musicale«. Bis orat, qui cantat, lautet sinngemäß eine Maxime Augustins, die sich auch bei Luther findet: Zweimal betet, wer singt. Dieser Grundsatz hat nicht nur in religiös-theologischer Hinsicht seine Richtigkeit. Musik gehört zum Menschsein des Menschen. Dieser Einsicht wurde zum einen durch das musikalische Rahmenprogramm des Symposions – Mitglieder der Staatsphilharmonie Nürnberg brachten Klarinettenquintette von Brahms und Mozart zu Gehör –, zum anderen durch zwei Symposionsbeiträge entsprochen, die sich mehr oder minder direkt mit der Musik als einem anthropologischen Universale beschäftigten. Was ist der Mensch? Musik, was sonst!, antwortete Stefan Bott, und Martin Ehl, Würzburg, ergänzte: »In Resonanz und Personanz zeigt sich der Mensch«. Eine anthropologische Phänomenologie anderer Art schloss sich an: Der Herausgeber, emeritierter Professor für Systematische Theologie an der Evangelisch-Theologischen Fakultät der Ludwig-Maximilians-Universität München, entwickelte unter dem Titel »Psychosomatik« Grundzüge von Hegels Lehre vom unbewussten Leben des Menschen.

Der Mensch ist ein selbsttranszendentes, weltoffenes Wesen und geht nicht in dem auf, was vorhanden ist. Auch seine Klage über Not, Elend und Schuld ist ein Indiz dafür, wie der 42. Psalm belegt. Über ihn meditierte der greise Wiener Theologe, Religionssoziologe und Publizist Adolf Holl im Schlussbeitrag des Symposions, der es nahelegt, noch einmal auf Ibn Tufail und seinen Schützling Hayy Ibn Yaqzan zurückzukommen, den wir auf der Höhe seines autodidaktischen Philosophenlebens verlassen hatten. Nachdem er trotz intensiven Nachdenkens über die Frage, ob das Universum einen zeitlichen Anfang habe oder nicht, keinen plausiblen Grund gefunden hatte, sich für eine der beiden

Alternativen zu entscheiden, geht Hayy auf, dass eine solche Entscheidung weder möglich, noch nötig sei, da nicht nur die Annahme einer anfangenden und endenden Endlichkeit der Welt, sondern auch diejenige einer infiniten Abfolge endlicher Weltzusammenhänge den Gedanken eines Unendlichen zur Voraussetzung habe, welches mit dem kosmischen Universum nicht gleichzusetzen sei. Damit ist der Gedanke gedacht, der von nun an immer konsequenter sein Leben bestimmen wird. Er fragt nach der Möglichkeit, den Gedanken des unendlich Einen zu denken, welches allem, was ist, zugrunde liegt und das universale All absolut übersteigt, und er kommt zu der Einsicht, dass diese Möglichkeit nur durch das im Unendlichkeitsgedanken Gedachte selbst bedingt sein kann und zwar auf unvordenkliche Weise. Allenfalls durch Einsichtnahme in die Verfasstheit sich wissenden Wissens, welches das seiner selbst bewusste Ich vollziehe, könne man sich einen vorläufigen Begriff vom unendlichen Einen in seiner Unbegreiflichkeit machen, insofern Selbstbewusstsein zugleich als »Erkennendes, Erkanntes und Erkenntnis« (77), als »Wissendes, Gewußtes und Wissen« (ebd.) aufzufassen sei.

Was ist der Mensch? Ein Wesen, das um sich weiß und ein Bewusstsein seiner selbst hat, ohne doch den Grund, in dem sein Ich und seine Welt gründen, unmittelbar aus sich heraus theoretisch erfassen und auf einen abschließenden Begriff bringen zu können. Dass dem so ist, geht uns, wie das Beispiel Hayy Ibn Yaqzan zeigt, spätestens dann auf, wenn wir erwachsen geworden und zum entwickelten Bewusstsein unserer selbst und unserer Welt gelangt sind. Man muss daraus nicht den Schluss ziehen, zu dem der philosophische Autodidakt gelangt ist, und zum Mystiker werden, der Augen und Ohren schließt und sich in sich selbst versenkt, um dessen gewahr zu werden, »*was noch kein Auge gesehen, kein Ohr gehört und keines Menschen Herz vernommen hat*« (87), wie es bei Ibn Tufail im Anklang an 1. Kor 2,9 heißt. Es mag einstweilen schon genügen, sich gelegentlich anhand der Frage, wer wir sind, der Fraglichkeit unseres Menschseins und unserer Angewiesenheit auf Antworten zu erinnern, die sich nicht in Alltags- und Allerweltsweisheiten erschöpfen.

Übrigens: Ibn Tufails philosophischen Inselroman haben nicht nur Muslimen, sondern auch Juden und Christen rezipiert. Er wurde unter anderem ins Hebräische, Lateinische, Englische, Holländische und vom evangelischen Theologen Johann Gottfried Eichhorn erstmals direkt aus dem Arabischen auch ins Deutsche übersetzt, und er hat auf Leibniz, Moses Mendelssohn und viele andere großen Eindruck gemacht; in Schellings Münchener Vorlesung von 1827 »Zur Geschichte der Neueren Philosophie« wird er ausdrücklich erwähnt. Obwohl der vorliegenden Textsammlung ein vergleichbarer Erfolg voraussichtlich nicht beschieden sein wird, sei sie dennoch dem Publikum guten Muts zu wohlwollender Lektüre empfohlen. Um Nachsicht wird für verbleibende Uneinheitlichkeiten in der formalen Gestaltung der Anmerkungsapparate und in der Zitationspraxis gebeten; sie entsprechen auf ihre Weise der Themendiversität eines Symposiums, bei dem Vertreter unterschiedlicher Traditionen und Fachdisziplinen unter verschiedensten Gesichtspunkten Antworten suchten auf die immer wieder gestellte und zu stellende Menschheitsfrage, wer wir sind.

Unternehmen Menschlichkeit

ANDREAS CRAMER

Das Diakoniewerk Martha-Maria grüßt die Teilnehmenden an dem Symposium anlässlich des Jubiläumsgeburtstages von Chefarzt Dr. Bernd Deininger. Wir grüßen den Jubilar besonders und sind ihm für die Leitung der Klinik für Psychosomatische Medizin und Psychotherapie im Krankenhaus Martha-Maria in Nürnberg sehr dankbar.

Als Diakoniewerk Martha-Maria vergleichen wir die Entwicklung unseres Unternehmens gerne mit einem Baum: Wurzeln, Stamm, Äste, Blätter, Früchte … Ein Baum wächst, entfaltet sich, hat viele Funktionen im Haushalt der Natur.

Sieben wichtige Unternehmensinhalte und Grundlagen für ein »Unternehmen Menschlichkeit« möchte ich kurz darstellen. Dabei wird gelebte Menschlichkeit immer unvollkommen bleiben und nur teilweise gelingen. Niemand ist fehlerfrei. Versäumnisse, Irrtümer und Fehleinschätzungen eingestehen zu können ist menschlich und macht sympathisch.

1. Unternehmenswerte: Wurzeln tragen

Jeder Mensch ist nach dem Bild Gottes geschaffen und hat ein uneingeschränktes Recht auf menschenwürdiges Leben. Diese Überzeugung bestimmt uns in unserem Dienst an den Menschen.

Die Unternehmenswerte Glaube, Hoffnung, Liebe sind biblische Wurzeln aus dem hohen Lied der Liebe des Apostel Paulus (1. Korinther 13,13). Glaube, Hoffnung, Liebe sind symbolisch und grafisch eingeflossen in die Brosche unserer Diakonissen und in das Logo unseres Diakoniewerks: das Kreuz für den Glauben, der Anker für die Hoffnung und das Herz für die Liebe.

MARTHA MARIA

Unternehmen Menschlichkeit

Zu diesen Wurzeln gehören insbesondere auch die biblischen Erzählungen von Martha und Maria (Lukas 10,38–42). 2016 wurde im Diakoniewerk Martha-Maria ein neues Printmedium für Mitarbeitende herausgebracht unter dem Titel »Wurzeln und Flügel – Texte für den diakonischen Alltag«. Es ist ein Buch im Taschenformat, das Mitarbeitende für ihren persönlichen Gebrauch verwenden können. Es sind Texte der Ermutigung. Dazu gehören Bibelworte, Liedverse, Kurzgeschichten, Weisheiten, Gebete und anderes mehr. Diese Texte können auch zu Beginn einer Sitzung, Klausur, Besprechung, Bereichsleiterrunde als inhaltlicher Impuls zitiert werden.

Grundsätzlich sind wir der Überzeugung: Nur wer von den Wurzeln her lebt und arbeitet, erhält Kraft. Wer nur auf Ziele hin jagt, verliert Kraft.

2. Unternehmensleitbild: Helfen und Hören

Das Leitbild »Helfen und Hören« nimmt die beiden Grundgedanken der Martha (Helfen) und Maria (Hören) aus der biblischen Erzählung (Lukas 10,38–42) auf.

Jesus ist bei Martha und Maria zu Gast. Während Martha ihn ver- und umsorgt, setzt sich Maria zu Jesus und hört ihm zu. Einfach so. Sie lauscht seinen Worten. Der Name Martha-Maria ist uns somit Verpflichtung und Programm. Das »Helfen« und das »Hören« bestimmen unsere Arbeit.

Das Leitbild ist aus einem Prozess gemeinsamen Nachdenkens entstanden. An ihm waren Mitarbeiterinnen und Mitarbeiter aus allen Arbeitsfeldern und Berufsgruppen beteiligt.

Das Leitbild enthält nachprüfbare Ziele für die tägliche Arbeit. Damit ist es die verbindliche Grundlage für den Dienst an den uns anvertrauten Menschen.

Das Leitbild eröffnet uns Perspektiven. Es beschreibt unsere Arbeit in der heutigen Situation und auf unserem Weg in die Zukunft. Dabei lebt es immer in einem Veränderungsprozess.

Das Leitbild hat zwei Seiten – wie die zwei Seiten einer Münze. Auf der einen Seite stellt es Selbstverständnis, Aufgaben und Ziele für die Mitarbeiterinnen und Mitarbeiter dar. Auf der anderen Seite macht es unser Unternehmen für Partner und die Öffentlichkeit erkennbar.

Martha-Maria fühlt sich zu zehn Leitbildzielen verpflichtet:

1. Unsere Arbeit ist geprägt von der Wertschätzung für den Menschen.

2. Wir wollen unsere fachliche Kompetenz mit persönlicher Zuwendung verbinden.

3. Die Zufriedenheit der Menschen, für die wir uns einsetzen, ist uns ein wichtiger Maßstab.

4. Der Sicherung und Verbesserung der Qualität unserer Arbeit räumen wir eine hohe Priorität ein.

5. Fortbildung und Weiterbildung sichern unsere fachliche und soziale Kompetenz.

6. Ein gutes Miteinander ist eine unersetzbare Grundlage für unser diakonisches Handeln.

7. Wir praktizieren einen Führungsstil, der klare Zielvereinbarungen mit kooperativem Verhalten verbindet.

8. Mitarbeitervertretungen und Leitungen der Einrichtungen arbeiten vertrauensvoll zusammen.

9. Die Wirtschaftlichkeit unserer Einrichtungen ist Voraussetzung für die Erfüllung unseres diakonischen Auftrags.

10. Um zukunftsfähig zu bleiben, brauchen wir das Engagement und die Kreativität aller Mitarbeiterinnen und Mitarbeiter.

Durch fachkundige Hilfe und persönliche Zuwendung – durch Helfen und Hören – wird Menschlichkeit in unserer Gesellschaft gefördert. Diese Version leitet das Planen und Tun. In diesem Sinne verstehen wir uns als »Unternehmen Menschlichkeit«.

3. Die Unternehmensstruktur: Aus der Mitte heraus

In einem aufwändigen Prozess der Neuausrichtung hat sich das Diakoniewerk Martha-Maria 2010 entschieden, ein rechtlich selbstständiges Diakoniewerk zu bleiben. Die Muttergesellschaft, das Diakoniewerk Martha-Maria e. V., ist 100 % Gesellschafter an sechs Gesellschaften (Martha-Maria Krankenhaus gGmbH, Martha-Maria Altenhilfe gGmbH, Martha-Maria Gesundheitspark Hohenfreudenstadt gGmbH, Martha-Maria Service GmbH, Martha-Maria Krankenhaus Halle-Dölau gGmbH, Martha-Maria MVZ gGmbH). Ferner ist das Diakoniewerk Martha-Maria e. V. beteiligt an der Christliche Akademie für Gesundheits- und Pflegeberufe Halle gGmbH, der edia.con gGmbH Leipzig sowie der Krankenhaus Bethanien Chemnitz gGmbH.

Martha-Maria wird als eine Einheit verstanden und aus der Mitte heraus gestaltet.

4. Der Unternehmensweg: Innovativ und nachhaltig

Alle 10 Standorte mit rund 30 diakonischen Einrichtungen in Eckental, Freudenstadt, Halle, Hohenschwangau, Honau, München, Nagold, Nürnberg, Stuttgart und Wüstenrot mit zusammen über 3700 Mitarbeitenden werden innovativ und nachhaltig weiter entwickelt. Nur ein gesundes Wachstum macht dies möglich, wobei Größe an sich keinen Wert darstellt; wichtig ist nur eine angemessene, wirtschaftliche und zukunftsfähige Unternehmensform. Dies ermöglicht auch die Vielfalt der diakonischen Arbeit. Sie geschieht unter anderem im Mutterhaus der Diakonissen, in den Krankenhäusern, Seniorenzentren, betreuten Wohnanlagen, Berufsfachschulen für Pflegeberufe, Kindergärten und Erholungseinrichtungen.

5. Die Unternehmenskultur: Gelebte Menschlichkeit

Sie gilt es auf vielfache Weise zu leben. Leitbildziele und Strategieprogramme dürfen keine Papiertiger sein, sondern werden in vielen kleinen Schritten praktiziert, und dies Tag für Tag und immer wieder neu mit jeder Patientin und jedem Patienten, Bewohnerin und Bewohner, Gast, Schülerin und Schüler.

Martha-Maria ist international. Aus über 60 Ländern kommen unsere Mitarbeitenden. Wir erwarten Offenheit, Respekt und Toleranz in dieser internationalen Dienstgemeinschaft.

6. Die Unternehmenskommunikation: Auf die Einstellung kommt es an

Zur Unternehmenskultur gehört unmittelbar die Unternehmenskommunikation. Dabei kommt es auf die Einstellung an. Wie gehen Mitarbeitende miteinander und mit den ihnen anvertrauten Menschen um? Proaktives Verhalten ist das A und O, das aktive Aufeinanderzugehen im Sinne der Goldenen Regel von Jesus: »Alles nun, was ihr wollt, dass euch die Leute tun sollen, das tut ihnen auch« (Matthäus 7,12).

Grundlage und Voraussetzung sind motivierte Mitarbeitende. Unter anderem deshalb sind Mitarbeitende vielfältig, so vielfältig wie möglich, in die Arbeitsabläufe und in die Ablauforganisation mit einzubeziehen.

Beispiele für eine solche Einbeziehung:

- Eine Kommunikationsstruktur ist festgelegt.

- Termintreue wird gelebt.

- Im Jahreskalender sind Termine langfristig festgelegt für die verschiedenen regelmäßigen Begegnungen wie Konferenzen leitender Mitarbeitende, Tagesbesuche des Geschäftsführenden Vorstandes in den Einrichtungen und Arbeitsgemeinschaften. Dadurch entsteht nicht mehr das Gefühl und Bedürfnis, eigentlich müssten, sollten wir uns mal wieder begegnen.

- Das Mitarbeitenden-Jahresgespräch (»Sie + ich sind wir«) ist eine Dank- und Motivationserfahrung.

- Eine unbeschwerte Feedback-Kultur ist selbstverständlich.

- Kleine Aufmerksamkeiten erhalten die Freundschaft.

- MMMI (Martha-Maria Meine Idee) heißt unser Ideenmanagement.

- Wir achten auf die Gesundheit der Mitarbeitenden durch zahlreiche Präventionsprogramme.

- Wir laden zu biblisch orientierten Hohenschwangauer Tagen ein in unser Martha-Maria-Hotel unter dem Königsschloss Neuschwanstein.

- Pro Jahr findet eine Reihe von mehrtägigen Leitbildseminaren für die Mitarbeitenden von allen Martha-Maria Standorten im Schwarzwald statt. Die Themen sind zum Beispiel »Meine Mitte finden«, »Burn in – gelassen sein«, »Vom Tunnelblick zum Überblick«, »Vertrauen macht schnell«.

- Die Mitarbeitervertretung ist wesentlicher Bestandteil unserer Dienstgemeinschaft und ist in die Prozesse und Abläufe einzubeziehen.

7. Die Unternehmensstrategie: Martha-Maria 2020

Unter Einbeziehung vieler Mitarbeitender hat sich Martha-Maria 2012 das Programm »Martha-Maria 2020« gegeben.

Sieben strategische Ziele und Wege:

1. Martha-Maria bleibt ein selbstständiges Diakoniewerk und entwickelt die diakonische Arbeit an allen Standorten innovativ weiter.

2. Martha-Maria wird »aus der Mitte heraus« gestaltet.

3. Die Martha-Maria-Wurzeln tragen.

4. In Martha-Maria arbeiten motivierte Mitarbeitende.

5. Martha-Maria stärkt seine fachliche und wirtschaftliche Zukunftsfähigkeit nachhaltig.

6. Martha-Maria stellt sich den Herausforderungen des demografischen Wandels und der Einwanderungsgesellschaft.

7. Martha-Maria fördert eine besondere Ressource, das Ehrenamt.

In zahlreichen Workshops und Projektgruppen werden unter anderem folgende Themen entwickelt und in eine nachhaltige Struktur implantiert:

Personalentwicklung, Führungsqualität, Gesundheitsprävention, Mitarbeitenden-Jahresgespräche, Feedback, MMMI (Martha-Maria Meine Idee-Ideenmanagement), Ökologie, Nachhaltigkeit, 55+, Fort- und Weiterbildungen.

Anhand von drei Themen möchte ich »Unternehmen Menschlichkeit« beispielhaft konkretisieren:

1. Arbeiten macht Sinn

Bei vielen Mitarbeiterbefragungen, nicht nur im Gesundheitswesen, zur Themenstellung: »Was Ihnen bei Ihrer Arbeit am wichtigsten ist«, stehen in der Regel fünf Erwartungen der Mitarbeitenden ganz vorne:

1. Die Arbeit muss Sinn machen.

2. Ich kann ein Stück weit eigenständig, selbstständig arbeiten.

3. An dritter Stelle folgt der Teamgedanke.

4. Die Wertschätzung.
   Persönliche Anerkennung ist unverzichtbar, sowohl für das Gelingen der beruflichen Aufgabe als auch für die persönliche innere Balance des Einzelnen. Die Beteiligten sind in die Prozesse und Entscheidungen mit einbezogen und können Verantwortung übernehmen. Diese Wertschätzung des Einbezogenseins ist für Mitarbeitende wesentlich für ihre Motivation und ihre Leistungsbereitschaft.

5. Eine angemessene und faire Entlohnung.

2. Die Zusammenarbeit gelingt

Führungspersönlichkeiten sind daran zu erkennen, ob und wie sie Zusammenarbeit ermöglichen können. Geschäftsführer, Krankenhausleitungen, Chefärzte, Leitungen von Einrichtungen sind in allererster Linie Zusammenarbeitsermöglicher. Und wenn Kolleginnen und Kollegen gut zusammenarbeiten, dann geht man gerne zur Arbeit, dann macht Arbeit sogar Freude. Trotz der enormen Belastungen im Pflegeberuf und trotz des Kostendrucks im Gesundheitswesen. Ein positives Beziehungsgeflecht unter den Mitarbeitenden ist entscheidend für das Gelingen der anstehenden, oft genug schwierigen Herausforderungen. Von daher ist es ganz entscheidend, wie wir miteinander umgehen. Ein vertrauensvolles Miteinander ist unersetzbare Grundlage für das diakonische Handeln. Eine gute Arbeitsgemeinschaft kann heilende Wirkung haben. Wichtig ist die Unterscheidung von Leadership und Management. Für eine gelingende Zusammenarbeit brauchen wir beides: hervorragende Führungspersönlichkeiten, insbesondere mit einer hohen sozialen, menschlichen Kompetenz, und ein Management mit einer großen fachlichen und methodischen Kompetenz. Gut geführte Unternehmen ermöglichen ihren Mitarbeitenden Freude und Erfüllung bei ihrer Arbeit. Dies ist Grundlage für den Unternehmenserfolg. Und übrigens: Wer sagt eigentlich, dass immer die Arbeit keine Freude macht und zuhause im persönlichen Bereich alles voller Freude ist?

3. Vertrauen ist die höchste Form von Motivation

E-Mails, so notwendig sie für manche Absprachen und Informationen sind, verlangsamen die Kommunikation und sind nicht geeignet für eine gelingende Kommunikation, insbesondere, wenn es sich um schwierige Sachverhalte oder gar Konfliktsituationen handelt. Dann ist der Griff zum Telefon bzw. ein Vier-Augen-Gespräch bei einer Tasse Kaffee viel wertvoller und hilfreicher. Wir leben in einer Zeit, in der Mitarbeitende enormen Erwartungen ausgesetzt sind und daher sehr empfindlich und oft nur rechtfertigend reagieren. Dann herrscht mangelndes Vertrauen. Doch Vertrauen macht schnell. Kontrolle macht langsam und verursacht zudem hohe Kosten, während Vertrauen Grundlage einer sehr schnellen Zusammenarbeit wird. Ein Blick genügt, um zu verstehen, was der andere wirklich meint, um sich aufeinander verlassen zu können. Hierbei kommt es wiederum auf die Einstellung an. Mitarbeitende müssen sich bei ihren Vorgesetzten, Kolleginnen und Kollegen das Vertrauen nicht erst verdienen, sondern Vertrauen ist, ist einfach da. Vertrauen ist die höchste Form von Motivation.

Was ist der Mensch? –
Theologische Perspektiven

ANSELM GRÜN

Die christliche Theologie hat zunächst die Aussagen der griechischen Philosophie über den Menschen übernommen und dann mit der biblischen Botschaft verbunden und dadurch auch verwandelt. Platon sieht in der Seele das Wesen des Menschen. Die Seele ist von Gott geschaffen. Sie ist unsterblich. In der Seele hat der Mensch teil am Göttlichen und an Gottes Unsterblichkeit. Die Verbindung zwischen Seele und Leib ist bei Platon ungeklärt. Aristoteles sieht die Seele näher am Körper. Für ihn ist die Seele die »forma corporis«. Diese Definition hat dann später Thomas von Aquin übernommen. Die Seele ist also nicht getrennt vom Leib zu sehen. Sie ist die Form des Leibes. Für Platon ist sie die Bewegerin des Leibes. Thomas von Aquin übernimmt noch eine andere Definition der griechischen Philosophie, die man Peripatos zuschreibt, die dann bei Aristoteles weiter geführt wird. Der Mensch ist animal rationale, also ein vernunftbegabtes Lebewesen. Daneben gilt die Definition des Menschen als »zoon politikon«, als auf Gemeinschaft hin ausgerichtetes Lebewesen. Der Mensch darf nicht allein gesehen werden, sondern immer schon als einer, der in Gemeinschaft lebt und auf das Miteinander angewiesen ist.

Die christliche Theologie hat im Dialog mit der griechischen Philosophie einen zentralen Aspekt des Menschen heraus gearbeitet. Der Mensch ist nicht einfach nur ein Exemplar einer Gattung Mensch, sondern er ist einmalige Person. Der Personbegriff wird auf dem Hintergrund der biblischen Theologie entfaltet. Der Mensch ist ein einmaliges Bild, das Gott sich nur von diesem Menschen gemacht hat. Oder – wie Romano Guardini das ausdrückt – der Mensch ist ein einmaliges Wort Gottes, das in diesem konkreten Menschen auf je einmalige Weise Fleisch wird. Und unsere Aufgabe bestünde darin, dieses einmalige Wort, das Gott in uns spricht, in dieser Welt vernehmbar werden zu lassen. Das einmalige Bild oder das einzigartige Wort, das Gott nur in uns spricht, können wir nicht beschreiben. Wir können uns diesem Bild nur nahen, wenn wir uns in aller Stille hinsetzen und in uns hinein horchen. Wenn wir das Gefühl von Stimmigkeit haben, dürfen wir vertrauen, dass wir dem Bild Gottes in uns nahe kommen. Aber ganz klar wird dieses Bild sich erst im Tod zeigen. Da wird es von allen Trübungen befreit sein.

In der Neuzeit haben die verschiedenen Philosophien unterschiedliche Antworten auf die Frage nach dem Menschen gegeben. Martin Heidegger hat den Menschen in seinem berühmten Buch »Sein und Zeit« als ein Sein zum Tode definiert. Der Mensch ist immer schon auf den Tod aus. Man kann über den Menschen nicht angemessen denken, ohne seinen Tod mit zu bedenken. Der Tod bedeutet, dass der Mensch begrenzt ist und dass er deshalb bewusst jeden Augenblick leben soll.

Karl Rahner hat als Theologe seine Lehre vom Menschen im Dialog mit der Philosophie des hl. Thomas von Aquin entwickelt. Bei Rahner spricht man vom transzendentalen Ansatz. Das meint Folgendes: Der Mensch greift in seinem Denken immer schon über das konkrete Objekt hinaus auf einen unbegrenzten Horizont hin. Er denkt also in jedem Denkakt unbewusst schon Gott mit. Jeder Akt der Liebe geht über den konkreten Menschen, den ich liebe, hinaus auf etwas Unendliches, Transzendentes, letztlich auf Gott hin. Ähnlich ist es mit anderen Wesenseigenschaften des Menschen. Der Mensch als hoffender geht über das Gegenwärtige und Sichtbare hinaus auf Gott als die absolute Zukunft hin. Und seine Sehnsucht übersteigt immer schon das Konkrete. Rahner kann daher den Menschen so definieren: »Der Mensch ist das Seiende, das auf ‚Gott' verwiesen ist, von ihm her und auf ihn hin sich verstehen muss … Wo der Mensch diese Verwiesenheit nicht erreicht oder sie frei ablehnt, hat er sich, sein Wesen als ganzes verfehlt, das, was ihn von einer innerweltlichen Sache unterscheidet.«[2]

Nach Rahner kann man über den Menschen nicht sprechen, ohne von Gott zu sprechen. Und umgekehrt kann man von Gott nicht sprechen, ohne über den Menschen zu sprechen. Der Mensch ist auf das absolute Geheimnis hin verwiesen. Er wird nur Mensch, wenn er diese Offenheit für das Geheimnis lebt, ganz gleich, wie er das Geheimnis dann konkret benennen möchte. Für uns Christen ist Gott das absolute Geheimnis. Das heißt aber auch, dass wir immer wieder alle Begriffe und Bilder von Gott übersteigen auf das absolut Unsagbare und Unbegreifliche hin.

Für Rahner ist es klar, dass eine theologische Lehre vom Menschen nicht nur den Dialog mit der Philosophie führen muss, sondern auch mit den heutigen Naturwissenschaften. Um angemessen vom Menschen zu sprechen muss der Theologe heute vor allem den Dialog mit der Psychologie und mit der Gehirnforschung führen. Beide Richtungen beanspruchen von sich her, absolute Aussagen über den Menschen machen zu können. Die Theologie muss mich mit Psychologie und Gehirnforschung auseinandersetzen, damit sie nicht ein Bild des Menschen zeichnet, das im Gegensatz zu naturwissenschaftlichen Erkenntnissen steht.

Dabei muss die Theologie aber immer wissen, dass sie auf einer anderen Ebene spricht als die Naturwissenschaften. In der Vergangenheit betrafen theologische Aussagen häufig auch naturwissenschaftliche Begebenheiten. Zum Beispiel hat die Theologie lange den sogenannten Monogenismus gelehrt, dass alle Menschen von Adam abstammen. Das war ein Beispiel, wie sich die Theologie anmaßte, gleichsam naturwissenschaftliche Dogmen aufzustellen. Im Modernismusstreit musste dann die Theologie von ihren naturwissenschaftlich unhaltbaren Aussagen wieder abrücken. Die Theologie soll sich mit den Argumenten der Naturwissenschaften auseinander setzen. Sie soll sich aber immer bewusst sein, dass sie nicht naturwissenschaftliche Aussagen zu korrigieren hat, sondern dass sie eine andere Ebene anspricht.

---

2   K. Rahner, Mensch, in: Sacramentum Mundi, hg. v. K. Rahner und A. Darlap, Band III, Freiburg 1969, 411.

Der Dialog mit der Psychologie muss sich heute mit der Frage auseinandersetzen, ob Gott nicht eine Projektion menschlicher Wünsche und Bedürfnisse ist. Eine Richtung der Psychologie behauptet: Nicht Gott hat den Menschen geschaffen, sondern der Mensch hat Gott geschaffen. Diese Behauptung ist natürlich ein Überschreiten der naturwissenschaftlichen Ebene. Aber die Theologie hat sich durchaus dieser Argumentation zu stellen. Wo sind unsere theologischen Aussagen wirklich nur Projektionen? Wo schaffen wir ein Gottesbild, um unsere innere Unruhe zu beruhigen? Oder wo bleiben wir in unseren Gottesvorstellungen hängen an infantilen Bildern und Wünschen? Der Dialog mit der Psychologie zwingt uns, unsere Gottesbilder immer wieder zu reinigen von infantilen Projektionen.

C.G. Jung argumentiert so, dass er als Psychologe nur das Gottesbild in der menschlichen Seele feststellen kann. Ob diesem Gottesbild eine objektive Realität entspricht oder nicht, kann er als Psychologe nicht sagen. Das überschreitet seine Kompetenz als Naturwissenschaftler. Aber als Psychologe kennt er die Weisheit der Seele. Und die Weisheit der Seele weiß seit jeher, dass Gott ist. Als Psychologe weiß er aber, dass es gut ist, der Weisheit der Seele zu trauen. Denn wer mit noch so vielen rein rationalen Argumenten gegen die Weisheit der Seele verstößt, der wird ruhelos, rastlos und neurotisch. Von daher kann Jung die Erfahrung des hl. Augustinus bestätigen: »Ruhelos ist unser Herz, bis es Ruhe findet in dir, mein Gott.«

Gott ist nicht unbedingt die Projektion infantiler Bedürfnisse. Aber in einem hat die Psychologie Recht: Das Gottesbild und das Selbstbild korrespondieren miteinander. Wer ein strafendes Gottesbild hat, hat oft in sich eine Selbstbestrafungstendenz. Wer ein kontrollierendes Gottesbild hat, muss sich selbst kontrollieren, um die tiefsitzende Angst vor der eigenen Wahrheit, oft auch vor dem eigenen Unbewussten zu besiegen. Heute ist es modern, ein apersonales Gottesbild zu haben. Gott ist keine Person, sondern Energie, Liebe, Kraft. In jedem Gottesbild steckt ein Funken Wahrheit. Gott ist für mich immer beides: persönlich und überpersönlich. Und die Akzente können sich im Lauf eines Lebens verschieben. Aber wer den persönlichen Gott total ablehnt, der hat für mich immer auch Probleme mit seinem Personsein. Im Buddhismus ist Person das zu Überwindende. Der Mensch soll im reinen Sein aufgehen. Die Erfahrung des reinen Seins ist auch für den christlichen Menschen eine wichtige Gotteserfahrung. Aber dennoch gehört es zum christlichen Menschenbild, dass der Mensch Person ist, einmalig und einzigartig. Und zur Person gehört das Angesprochenwerden. Ich werde von Gott ins Dasein gerufen. Und ich werde berufen, meine Aufgabe zu erfüllen. Personsein hat mit Verantwortung zu tun. Ich lebe nicht einfach so dahin, sondern ich bin ein Angesprochener, der mit seinem Leben auf den Anruf zu antworten hat. Die Verantwortungsethik ist vor allem auf jüdischem und christlichem Gebiet entstanden, etwa bei Hans Jonas.

Zur Verantwortung des Menschen gehört auch seine Freiheit. Der Mensch ist frei. Natürlich berücksichtigt die Theologie mit dieser Aussage auch die Erkenntnisse der Psychologie. Von der Psychologie her wissen wir, dass der Mensch oft meint, er würde sich frei entscheiden, aber in Wirklichkeit ist er von seinen neurotischen Lebensmustern her geprägt. Die Freiheit ist oft genug getrübt und eingeschränkt. Aber trotzdem hat der Mensch immer einen Spielraum der Freiheit. Rahner sagt in seiner Theologie des Todes, dass der Tod der Augenblick ist, in dem sich die Seele vom Leib trennt. Und das ist der Augenblick, in dem sie absolut frei über sich entscheiden kann. Im Tod kommt also die Freiheit zur Vollendung. Da ist der Mensch absolut frei, sich für oder gegen Gott zu entscheiden.

Von Gott richtig sprechen heißt immer auch vom Menschen richtig sprechen. Ich möchte das an einem Beispiel erklären: Ein Freund von mir ist Therapeut. Er erzählte mir, manche seiner Klientinnen sind beziehungsunfähig. Doch anstatt die Beziehungsunfähigkeit zu betrauern, flüchten sie in die Grandiosität. Sie erzählen einem, dass sie schon ganz verschmolzen sind mit dem Göttlichen. Sie stellen sich mit diesem Selbstbild und Gottesbild über die anderen Menschen. Nur die banalen Leute brauchen noch Beziehungen. Sie sind spirituell schon viel weiter. Sie sind ja schon eins mit dem Göttlichen, nicht mit Gott als einer Person, die sie ja verunsichern könnte, sondern mit dem Göttlichen, über das sie gleichsam verfügen können, um das eigene Ego aufzublähen. Solche Menschen entfliehen der eigenen Realität durch die Flucht in die Grandiosität. Aber irgendwann werden diese Menschen dann doch mit ihrem menschlichen Bedürfnis nach Nähe und Beziehung konfrontiert und fallen dann oft schmerzlich auf die Nase. Diese Flucht in die Grandiosität beobachte ich nicht nur in Kreisen, die sich mit ihrer vermeintlich mystischen Erfahrung über andere Menschen stellen, sondern auch in solchen, die voller Euphorie von Gott sprechen. Sie sprechen so von Gott, als ob sie ihn genau kennen und über ihn verfügen könnten. Das ist immer eine Flucht vor der eigenen Menschlichkeit mit ihrer Banalität und Durchschnittlichkeit.

Der Dialog mit der Psychologie zwingt die Theologie, angemessen von Gott und vom Menschen zu sprechen. Umgekehrt ist der Dialog für die Psychologie eine Herausforderung, ihre absoluten Aussagen zurück zu nehmen. Sie kann die Wirkung der Gottesbilder auf den Menschen beschreiben, aber sie kann keine absoluten Aussagen über Gott treffen.

Genauso wichtig ist heute der Dialog mit der Gehirnforschung, mit der Quantenphysik und mit der Astronomie. Denn der Blick in das Weltall, das unermesslich groß ist, relativiert die Sichtweise der Theologie, die doch von einem sehr beschränkten Bild von Weltall ausgegangen ist. Der Dialog mit der Quantenphysik öffnet der Theologie die Augen für das Geheimnis der Verbundenheit mit allem, für die Wirkung des Geistes auf die Materie. Aber die Theologie muss sich hüten, ihre Aussagen mit den Aussagen der Quantenphysik zu identifizieren. Sie spricht immer auf einer anderen Ebene.

Das gilt auch für den Dialog mit der Gehirnforschung und der Neurobiologie. Als Theologe bin ich immer vorsichtig, zu sagen: Das geistige Leben ist nur durch Gott erklärbar. Oder: der genaue Unterschied zwischen Mensch und Tier ist, dass der Mensch über das Konkrete hinaus planen kann. Es gibt immer wieder neue Erkenntnisse über die Fähigkeiten der Tiere. Die philosophischen und theologischen Aussagen über den Menschen widersprechen nicht den Erkenntnissen der Neurobiologie. Die Theologie hat die Erkenntnisse der Neurobiologie wahrzunehmen, um sich zu verabschieden von allzu konkreten Aussagen über den Menschen, die die Grenze der Theologie überspringen und letztlich in die Domäne der Naturwissenschaft eingreifen. Daher sollen wir vorsichtig sein, den Unterschied zwischen Mensch und Tier zu genau zu bestimmen. Denn es könnte sein, dass neuere Forschungen diese Unterschiede relativieren. Wir sollen nur Aussagen über den Menschen machen, aber ihn nicht ständig den anderen Lebewesen gegenüber stellen. Der Mensch hat auch teil an allem Lebendigen, an den Pflanzen und Tieren. Gerade die neuere Kosmologie betont diese innere Verbundenheit des Menschen mit allem, was lebt.

Es gibt Gehirnforscher, die meinen, der Geist und die Freiheit seien rein materielle Vorgänge im Gehirn. Manche Gehirnforscher sprechen auch von einem Gottesgen, das zuständig ist für die Gottesbilder im Menschen. Auch hier gilt es die verschiedenen Ebenen zu berücksichtigen. Die Gehirnforschung kann uns sehr viele Erkenntnisse vermitteln, wie das Gehirn funktioniert, welche Bereiche im Gehirn beim Denken, beim Fühlen, beim Planen, bei kreativen Ideen usw. aktiviert werden. Aber wenn ich beim Klavierspielen nur die Tasten beobachte, aber nicht den, der die Tasten spielt oder den, der die Musik komponiert hat, dann bleibe ich an der Oberfläche stehen. Als Theologe habe ich keine Angst vor irgendwelchen naturwissenschaftlichen Erkenntnissen über das Gehirn, über Lebewesen auf anderen Sternen im Weltall, über geistige Fähigkeiten von Tieren. Ich bin neugierig auf diese Erkenntnisse. Ich achte dann darauf, dass meine theologische Sprache nicht auf der rein naturwissenschaftlichen Ebene bleibt und dadurch in Widerspruch gerät zur Naturwissenschaft. Und ich frage mich bei allen Erkenntnissen, wie ich als Theologe darauf antworten kann.

Bei all diesen Erkenntnissen traue ich aber dennoch den Aussagen der Theologie und der spirituellen Tradition, dass der Mensch dazu berufen ist, eins zu werden mit Gott. Die Mystik beschreibt die Würde des Menschen, die darin besteht, vom göttlichen Leben und von der göttlichen Liebe durchdrungen zu werden. Evagrius Ponticus meint, die höchste Würde des Menschen bestehe darin, im Gebet mit Gott eins zu werden. Die Kirchenväter haben das Geheimnis der Menschwerdung Gottes so gedeutet: »Gott wird Mensch, damit der Mensch vergöttlicht wird.« Aber was heißt Vergöttlichung des Menschen? Theologisch müssen wir Gott und Mensch richtig zusammen denken. Sonst werden wir dem Wesen des Menschen nicht gerecht. Sonst ist die Gefahr der Grandiosität gegeben. Die christliche Dogmatik sagt über die Verbindung von Gott und Mensch in Jesus Christus, dass in Christus Gott und Mensch miteinander eins sind, jedoch: unvermischt und ungetrennt. Für mich ist der brennende Dornbusch ein schönes Bild für diese nüchterne theologische Aussage. Der Dornbusch steht für das Vertrocknete, Übersehene, Wertlose, Leergewordene in uns. Der Dornbusch brennt, ohne zu verbrennen. Er wird zum Ort der Herrlichkeit Gottes. Aber diese Herrlichkeit verzehrt den Dornbusch nicht. Er bleibt immer noch Dornbusch. So ist es auch mit dem Einswerden mit Gott. Gottes Feuer brennt in uns, aber es verbrennt uns nicht. Gottes Herrlichkeit leuchtet in uns auf, aber wir bleiben Mensch, wie der Dornbusch: begrenzt, oft leer, vertrocknet, bedeutungslos. Diese Aussage ist für das richtige Verständnis des Menschen bedeutsam. Der Mensch, der von Gott vergöttlicht wird, hat es nicht nötig, sich selbst zum Gott aufzuspielen. Und er ist frei von der Gefahr, andere Menschen zu vergöttern oder zu vergötzen. Die tiefste Sehnsucht, sich selbst zu übersteigen, ist in der Vergöttlichung des Menschen erfüllt. Zugleich bleibt er ganz Mensch. Daher braucht es immer die Demut, um sich als Mensch richtig zu verstehen. Demut – humilitas kommt von humus = Erde – ist der Mut, hinabzusteigen in die eigene Menschlichkeit, Erdhaftigkeit, hinabzusteigen in das Schattenreich all des Verdrängten, das in unserem Unbewussten haust.

Für mich ist es wichtig, in dieser Spannung über den Menschen zu sprechen, in der Spannung zwischen Gott und Mensch, in der Spannung zwischen Naturwissenschaft und Theologie, in der Spannung zwischen der Begrenztheit des Menschen und seiner Offenheit für das absolute Geheimnis. Und so möchte ich schließen mit meinem Verständnis von Dogmatik. Ich habe in Dogmatik in Rom promoviert. Deshalb muss ich eine Lanze brechen für die Dogmatik. Dogmatik ist nicht engherzige Rechthaberei, nicht stures Pochen auf bestimmten Sätzen. Dogmatik ist vielmehr die Kunst, das Geheimnis offen zu halten, sowohl das Geheimnis Gottes als auch das Geheimnis des Menschen. Und Dogmatik ist die Kunst, angemessen von Gott und vom Menschen zu sprechen. Und wenn sie angemessen vom Menschen spricht, ist ihre Sprache immer auch eine heilsame und therapeutische Sprache. In diesem Sinn wünsche ich uns allen, dass uns das Geheimnis des Menschen immer mehr aufgeht und indem wir über den Menschen sprechen, auch das absolute Geheimnis Gottes für uns und in uns aufleuchtet.

Was ist der Mensch? –
Eine Annäherung aus dem Blickwinkel eines (Neuro-) Biologen

ANSGAR BÜSCHGES

Günter Büschges gewidmet[1]

»Was ist der Mensch?« Für einen Biologen ist diese Frage mit Blick auf die stammesgeschichtliche Verwandtschaft des Menschen recht einfach zu beantworten. Vor dem Hintergrund der Einzigartigkeit des Menschen aus Sicht christlicher Religion erhält die Frage, was den Mensch von anderen Tieren unterscheiden mag, besondere Bedeutung. Auf den folgenden Seiten möchte ich mich aus der Perspektive eines Biologen mit dieser Fragestellung auseinandersetzen. Anlässlich des Symposiums zum 70. Geburtstag von Dr. Bernd Deininger ergab sich die Gelegenheit, in einer sehr konstruktiven Diskussion mit Pater Anselm Grün, sich diesem Thema zu nähern. Angesichts des für die Behandlung dieses umfassenden Themenbereiches eigentlich notwendigen Raumes werde ich nur schlaglichtartig die für mich als Naturwissenschaftler wesentlichen Aspekte ausführen. Ich verweise den Leser daher im Text sowie am Ende auf weiterführende Literatur, welche als geeignete Informationsquellen für weiterführende Fragen, oder für die Klärung von Grundlagen dienen können.

1. Die evolutionsbiologische Sicht

Der Mensch gehört als Säugetier zur Ordnung der Primaten. Seine heutige Form, der *Homo sapiens,* gehört in der Familie der Hominidae (Menschenaffen) zur Unterfamilie der Homininae, welche sich aus den drei Gattungen Gorilla, Pan (Schimpansen) und Homo (Menschartige) zusammensetzt. Die Menschenaffen haben sich vor etwa 15 Millionen Jahren von der Gruppe der Gibbons abgespalten. Die Abtrennung der sogenannten Hominini von den Schimpansen wird auf einen Zeitpunkt vor 5–6 Millionen Jahren datiert. Landläufig gilt der Mensch als das höchstentwickelte Säugetier. Diese Einordnung fußt auf spezifischen Besonderheiten dieses Lebewesens, welche ihn in ihrer Kombination von anderen Lebewesen unterscheiden. Dazu später mehr.

---

[1] Ich widme meinen Beitrag zu diesem Buch dem Andenken meines Vaters, Prof. Dr. Günter Büschges, der mir durch meine Anschauung seiner wissenschaftlichen Arbeit in meiner Jugend und durch unsere Gespräche die Bedeutung quantitativer, wissenschaftlicher Arbeit vermittelte.

Zur stammesgeschichtlichen Verwandtschaft des Menschen: Die Struktur und Funktion jedes Lebewesens ist durch dessen Gene, welche in ihrer Gesamtheit das Genom eines Organismus ausmachen, bestimmt und dies ist, wie ein Fingerabdruck, artspezifisch. Das menschliche Genom weist eine erhebliche Ähnlichkeit mit dem Genom anderer Säugetiere auf. So ist es z.B. zu mehr als 95% mit dem von Schimpansen und immerhin zu 90% mit dem Genom einer Maus und dem eines Schweins identisch. Dies belegt die enge stammesgeschichtliche Verwandtschaft innerhalb der Säugetiere.

Mehr noch deuten neue Ergebnisse der Molekulargenetik darauf hin, dass Säugetiere – inklusive des Menschen – zu »viel einfacher gebauten Tieren« eine enge stammesgeschichtliche, also evolutionsbiologische Verwandtschaft aufweisen. Glaubte man doch lange Zeit, dass höher entwickelte Säugetiere – und auch der Mensch – grundsätzliche Unterschiede zu sogenannten »einfacheren« Lebensformen, wie z.B. Einzellern, Würmern oder Insekten aufweisen. Man ging davon aus, dass die Wirbeltiere (Vertebrata), zu denen die Säugetiere gehören, und die Wirbellosen (Invertebrata) nur wenige verwandtschaftliche Bezüge teilen. Ergebnisse auf dem Feld der molekulargenetischen Evolutionsforschung haben uns hier eines Besseren belehrt. Es ist heute bekannt, dass selbst bei stammesgeschichtlich weit voneinander entfernten Tiergruppen, also zum Beispiel Insekten, wie der Fruchtfliege, und Säugetieren, wie der Maus, die gleichen sogenannten *Transkriptionsfaktoren, die* ihrerseits Gene aktivieren, zur Bildung von Organen während der ontogenetischen Entwicklung des Organismus beitragen. Dies wurde im Detail für die Strukturierung des Nervensystems entlang der Körperlängsachse von Insekten und Säugetieren gezeigt. Genauso verhält es sich bei den *Transkriptionsfaktoren* und der durch diese kontrollierten Gene, die für den Aufbau des Nervensystems von medial (von der Körpermitte her) nach lateral (zur Seite hin) verantwortlich zeichnen: bei Würmern (Anneliden) und Säugetieren (Mammalia), (man stelle sich hier z.B. eine Maus vor), sind für die Bildung der Struktur des Nervensystems in mediolateraler Richtung die gleichen Gene und Genprodukte verantwortlich (Zusammenfassung für die Motorik von Tieren in [2]).

Unter anderem haben die Mechanismen der Evolution dazu geführt, dass neue Gene entstanden sind und vorhandene Gene modifiziert, also mutiert wurden. Man weiß aber heute, dass die genetische Kontrolle der Embryonalentwicklung von Tieren und sogar von den diese bildenden Zellen über das Tierreich hinweg in hohem Maß konserviert, also erhalten geblieben ist. Dieser Forschungsbefund beweist auf Ebene der Vererbung der Gene, dass **alle** Tiere, stammesgeschichtlich betrachtet, mehr oder weniger stark verwandt sind. Es gibt also aus Sicht der Biologie betrachtet keinen Grund anzunehmen, dass der Mensch ein herausragendes Lebewesen ist, dessen Entstehung durch besondere einzigartige Geschehnisse erklärt werden könnte.

Ein wichtiger weiterer Aspekt der Evolution des Menschen ist die sogenannte kulturelle Evolution. Im Vergleich zur biologischen Evolution, der Veränderung der von vererbbaren Genen kodierten Merkmale einer Generation, handelt es sich dabei um die Weitergabe von Verhaltensweisen und Eigenschaften, die **nicht** genetisch bestimmt ist, sondern über Interaktion zwischen Artgenossen,

2   Büschges A, Scholz H, ElManira A (2011) New Moves in Motor Control. Current Biology 21: R513-R524

z.B. durch Nachahmung oder Kommunikation wirksam wird (vgl.[3]). Sogenannte Traditionsbildung, d.h. die Weitergabe von Verhaltensweisen oder Fähigkeiten über Generationen hinweg, findet man nicht nur bei dem Menschen und seinen direkten Vorfahren, sondern auch bei den Menschenaffen. Traditionsbildung ist für Menschenaffen sehr gut untersucht und belegt. Traditionsbildung kann zur Multiplikation von Fähigkeiten innerhalb einer Tierart führen, wenn viele, insbesondere auch nicht genetisch verwandte Artgenossen diese erlernen und über Generationsgrenzen hinweg an andere Artgenossen weitergeben.

2. Die Sicht des (Neuro-)Biologen

Kommen wir nun zu meinem zweiten Aspekt der Betrachtung, nämlich zu den Besonderheiten des Menschen. Versucht man den Menschen zu den Tieren hin abzugrenzen, so sind es die besonderen Leistungen des Nervensystems, die man hier betrachten muss. Menschen verfügen über Intelligenz, haben also Einsicht in ihre Situation, lösen Probleme durch Nachdenken, planen Handlungen, haben Bewusstsein und zeigen Kooperationsfähigkeit. Letztere Fähigkeit hebt den Menschen eindeutig von den stammesgeschichtlich nah verwandten Menschenaffen ab. Grundlage für diese Eigenschaften des Menschen sind besonders sein Selbst- oder Ichbewusstsein, seine Fähigkeit zu komplexen Lernleistungen, seine Fähigkeit zur Werkzeugherstellung und -gebrauch, und schlussendlich seine Sprachfähigkeit, um nur die bekanntesten zu nennen. All diese Leistungen zusammen sind bezeichnend für den Menschen und heben ihn sicherlich in ihrer Gesamtheit aus der Gesellschaft der Tiere hervor. Sind sie aber allein auf ihn begrenzt, oder teilt der Mensch diese, wie seine Stammesgeschichte, vielleicht teilweise doch mit den anderen Tieren?

Die Vorstellung über die Einzigartigkeit des Menschen ist in den letzten Jahren sehr kontrovers diskutiert worden. Seit etwa 50 Jahren mehren sich Hinweise in Forschungsergebnissen, dass auch Tiere über einzelne, oder gar mehrere dieser Eigenschaften verfügen. Dies verortet den Menschen als eine Spezies in der Reihe der mit ihm verwandten Säugetiere und relativiert – aus rein biologischer Sicht – die Einzigartigkeit des Menschen.

Selbst- der Ichbewusstsein: Es ist heute bekannt, dass auch viele Wirbeltiere über wesentliche Grundlagen des Selbst- oder Ichbewusstsein verfügen, sich selbst also, als Individuum wahrnehmen und begreifen können. Eindrucksvoller Ausdruck dieser Fähigkeit ist es, sich selbst im Spiegel zu erkennen. Menschaffen, Delphine, Elstern und wahrscheinlich auch Elefanten nehmen ihr Spiegelbild als ihrer eigenes wahr. Dies kommt dadurch zum Ausdruck, dass sie versuchstechnische vorgenommene Veränderungen ihres Äußeren, wie zum Beispiel aufgeklebte Farbflecke, seitenrichtig nach Blick auf ihr Spiegelbild, von ihrem Körper entfernen oder zu entfernen versuchen. Delfine gehen sogar einen Schritt weiter, indem sie einen Spiegel perspektivisch nutzen, um ihren eigenen Körper an verborgenen Stellen zu inspizieren. Interessanterweise konnte diese besondere Fähigkeit aber nicht für mit

---

3 Grupe G, Christiansen K, Schröder I, Wittwer-Backofen U (2005) Anthropologie. Springer Verlag, Berlin, Heidelberg, New York

dem Menschen näher verwandte andere Affenarten, aber auch Pandas nachgewiesen werden (siehe z.B. [4],[5]). Doch führten Untersuchungen, abhängig von unterschiedlichen Forschungsdesigns, zu widersprüchlichen Ergebnissen, zum Beispiel bei Tauben. So zeigten E. Uchino und S. Watanabe ([6]) in ihrer Studie an Tauben, dass das oft in den Untersuchungen genutzte Spiegel-Testparadigma nur dann aussagekräftige Ergebnisse liefern kann, wenn das getestete Tier die für den Test notwendigen Verhaltensweisen kennt: Tauben, mit denen Spiegelwirkung und Selbstpicken vorher trainiert worden waren, zeigten in der Tat Selbsterkennen im Spiegeltestversuch.

Lernen: Lernen und das Abrufen des Gelernten, also die Erinnerung, gehören zur Grundlage der Leistungen, die das Nervensystem eines Lebewesens hervorbringen muss, um sich als Individuum mit den Anforderungen der Umwelt adäquat und individuell auseinanderzusetzen. Häufig wird in der Fachwissenschaft die Qualität dieser Leistungen mit dem Begriff *Kognition*, also Erkenntnisvermögen, in Zusammenhang gebracht (siehe z.B. [7], [8], [9], [10], [11],[12],[13],[14]).

Ein elementares Element der *Kognition*, hier der Fähigkeit des deduktiven Denkens des Menschen, ist zum Beispiel die »*transitive Inferenz*«, was bedeutet aus gelernten Zweierpaaren, z.B. V > W, W > X und X > Y die ungelernte Kombination V > Y herleiten u können. Interessanterweise verfügen über diese Fähigkeit neben dem Menschen nicht nur andere Säugetiere, sondern auch Vögel, wie zum Beispiel der Nektarvogel.

Eine weitere wichtige Lernleistung ist das Lernen durch Beobachtung, wie wir sie von uns selbst und anderen Säugetieren kennen. Schon vor mehr als 30 Jahren zeigte eine Studie von G. Fiorito und P. Scotto[15] an Tintenfischen, dass diese Tiere aus dem Stamm der *Weichtiere* (*Molluska*) durch Beobachtung den Weg zur Problemlösung erlernen können. Die Tintenfische im Versuch beobachteten Artgenossen bei der Lösung einer Aufgabe. Interessanterweise wählten die Tiere dann im eigenen

4   Derégnaucourt S, Bovet D (2016) The perception of self in birds. *Neuroscience and Biobehavioral Reviews* 669: 1–14

5   Ma X, Yuan J, Bo L, Zhang G, Wei R, Liu D (2015) Gaint pandas failed to show mirror self-recognition. *Animal Cognition* 18: 713–721

6   Uchino E, Watanabe S (2014) Self-recognition in pigeons revisited. *Journal of the Experimental Analysis of Behavior* 102: 327–34

7   Avarguès-Weber A, Giurfa M (2013) Conceptual Learning by Miniature Brains. *Proceedings of the Royal Society B* **280**: 20131907

8   Haberkern H, Jayaraman V (2016) Studying small brains to understand the building blocks of cognition. *Current Opinion in Neurobiology* 37: 59–65.

9   Giurfa M (2013) Cognition with few neurons: higher-order learning in insects. *Trends in Neurosciences* **36**: 285–294

10 Herman LN (2002) Exploring the cognitive world of the bottlenose dolphin. In: The Cognitive Animal, M Bekoff, C Allen, GM Burghardt, eds., *MIT Press*, Cambridge Mass: 275–283

11 Hochner B, Shomrat T, Fiorito G (2006) The Octopus: A Model for a Comparative Analysis of the Evolution of Learning and Memory Mechanisms. *Biological Bulletin* **210**: 308–17

12 Menzel, R, Eckoldt M (2016) Die Intelligenz der Bienen. *Albrecht Knaus Verlag*, München

13 Roth, G (2010) Wie einzigartig ist der Mensch? Die lange Evolution der Gehirne und des Geistes. *Spektrum-Akademischer Verlag*

14 Taylor AH, Gray RD (2009) Animal cognition: Aesop's fable flies from fiction to fact. *Current Biology* 19(17): R731–2

15 Fiorito G, Scotto P (1992) Observational Learning in Octopus vulgaris. *Science* **256**: 545–447.

Test den Lösungsweg, den sie beobachtet und damit wohl durch Beobachtung erlernt hatten. Weiterhin konnte durch eine Studie aus dem Jahr 2011 gezeigt werden, dass Tintenfische in der Lage sind, ihre nachbarlichen Artgenossen im Ökosystem individuell wieder zu erkennen – für eine bestimmte Zeit nach der Begegnung[16]. Lernen durch Beobachtung ist bei vielen Tieren nachgewiesen worden, darunter natürlich auch bei Menschenaffen, aber auch bei Vögeln, z.B. Krähen.

Werkzeugherstellung und -gebrauch: Die Fähigkeit zu Werkzeugherstellung und –gebrauch wird als wesentlicher Ausdruck der Fähigkeit zur Problemlösung angesehen. Es ist schon lange bekannt, dass über diese nicht nur Menschen und ihre direkten Vorfahren, sondern auch Menschaffen verfügen. So bereiten zum Beispiel Schimpansen Werkzeuge, d.h. Stöcke aus Baumästen zum Ausräumen von Termitengängen schon im Urwald und mit Vorrat vor, bevor sie in die Savanne zur Futtersuche gehen, wo sich dann die Termitenbauten befinden. Umso erstaunlicher war es, als nachgewiesen wurde, dass ebenso Vögel, wie die kaledonische Krähe und die Saatkrähe, die Fähigkeit zu Werkzeugherstellung und -gebrauch besitzen. Die Verhaltensforscher Kacelnik, Taylor und Kollegen untersuchen seit langem den Werkzeuggebrauch und die Problemlösungsleistungen bei Vögeln, um dem Ursprung der Intelligenz auf die Spur zu kommen (z.B. [17], [18], [19]). Krähen sind in der Lage, spontan und ohne Vorerfahrung ein Werkzeug herzustellen, damit sie mit diesem ein bestimmtes Ziel erreichen können. Durch die Herstellung eines Hakens aus einem Draht können sie sich zum Beispiel des Futters bemächtigen, das sie zwar sehen können, an welches sie aber ohne dieses Werkzeug nicht herankommen könnten. Dabei sind sie sogar in der Lage, sich zunächst den für die Werkzeugherstellung notwendigen Draht mittels eines weiteren Werkzeugs »zu beschaffen«.

Handlungsplanung und Problemlösung: Die oben beschriebene Fähigkeit der Werkzeugherstellung und des -gebrauchs ist allein sicher eindrucksvoll, jedoch umso mehr sind es die Fähigkeiten, denen sie entspringt, nämlich der Problemlösung und der Handlungsplanung. Dies sind Eigenschaften, die für uns selbstverständlich menschlich erscheinen und die wir bei Tieren in der Regel weniger vermuten, dies häufig aus der Vorstellung heraus, dass Tiere eher reaktive Systeme sind, also Kreaturen, die Handlungen bevorzugt aus einem gelernten Repertoire abrufen. Beispiele lassen sich auch für diese Fähigkeit der Problemlösung und der Handlungsplanung wieder vielfältig für die Menschenaffen aufzählen. Sie sind jedoch nicht einzigartig für diese. In einer beeindruckenden Verhaltensstudie konfrontierten Kacelnik und Kollegen Kakadus mit dem Problem, dass für sie sichtbares Futter in einem mittels einer Kette von fünf unterschiedlichen zusammenhängenden Verriegelungsmechanismen verschlossenen Gefäß angeboten wurde, darunter eine Schraube mit Arretierung, ein Riegel und eine Art Bajonettverschluss ([20]). Ein Kakadu öffnete das Gefäß schon bei der ersten Präsentation,

16 Tricarico E, Borrelli L, Gherardi F, Fiorito G (2011) I Know My Neighbour: Individual Recognition in *Octopus vulgaris*. *PlosOne* **6(4)**: e18710

17 Auersperg AMI, Szabo B, von Bayern AMP, Kacelnik A (2012). Spontaneous innovation of tool use and flexible manufacture in the Goffin's cockatoo (*Cacatua goffini*). *Current Biology* **22(21)**: R903–904.

18 Taylor AH, Gray RD (2009) Animal cognition: Aesop's fable flies from fiction to fact. *Current Biology* 19(17): R731–2

19 Weir AAS, Chappell J, Kacelnik A (2002). Shaping of Hooks in New Caledonian Crows. *Science* **297** (5583)

20 Auersperg AMI, Szabo B, von Bayern AMP, Kacelnik A (2012). Spontaneous innovation of tool use and flexible manufacture in the Goffin's cockatoo (*Cacatua goffini*). *Current Biology* **22(21)**: R903–904.

indem er die untereinander verbundenen Schließmechanismen explorierte und dann nacheinander erfolgreich öffnete. Weitere Versuchstiere lösten das Problem ebenfalls, nachdem sie entweder einen Artgenossen bei der Lösung beobachtet hatten oder aber die einzelnen Mechanismen exploriert hatten. Wurde dann die Anordnung der Verschlüsse verändert, so waren die Versuchstiere immer noch in der Lage, die Aufgabe auf Anhieb erfolgreich zu lösen. Die Ergebnisse zeigen, dass Kakadus Exploration zur Problemlösung einsetzen und dann gelernte Lösungen flexibel und planerisch einsetzen können. Aspekte von Handlungsplanung kennt man heute sogar von so »einfachen« Tieren wie Insekten. Bei der Honigbiene z.B. konnte von Menzel und Mitarbeitern gezeigt werden, dass diese in der Lage ist, die Orte von Experimenten, die mit Futterdarbietung verbunden waren und räumlich unabhängig voneinander waren, so miteinander in Beziehung zu setzen, dass sie zwischen diesen eine Wegverbindung finden konnte, die ihnen vorher nicht bekannt sein konnte. Diese Leistung macht es wahrscheinlich, dass die Honigbiene in ihrem Gehirn eine Art Karte über ihre Umwelt für die Planung ihres Verhaltens nutzen kann [21].

Sprachfähigkeit: Sprache ist der Ausdruck von Gedanken durch ein komplexes Regelsystem der Kommunikation. Dabei ist ein wesentliches Merkmal, dass Sprache regelbasiert und symbolisch ist. Damit kommt der Fähigkeit zum Sprachverständnis für die Bewertung der geistigen Leistungsfähigkeit von Organismen eine ganz besondere Bedeutung zu. Sind Tiere dazu in der Lage? Die Antwort ist wiederum: ja. Hermann konnte zum Beispiel für Delfine zeigen, dass diese in der Lage sind, eine regelbasierte symbolische Sprache zu verstehen erlernen können [22]. Verständnis von Semantik und Syntax konnte ebenso nachgewiesen werden, wie die symbolische Referenz zu Objekten, die für das Versuchstier im Test nicht sichtbar waren. »Nicht im Sichtfeld« bedeutete also nicht, »nicht verstanden« zu werden.

Zusammenfassend bleibt also anzumerken, dass Tiere über viele der Fähigkeiten, die den Menschen auszeichnen, ebenso verfügen. Der aktuelle Stand der Forschung lässt künftig weitere, spannende Forschungsergebnisse erwarten.

3. Religion und Naturwissenschaft

Welche Bedeutung haben die oben vorgebrachten biologischen Erkenntnisse für das Menschenbild in der Religion? Die Diskussion zwischen dem Theologen Grün und dem Biologen Büschges zu diesem Aspekt verlief für die Zuhörer beinah »überraschend konfliktfrei«. Doch wie sollte es auch anders sein? Naturwissenschaftler können mit ihren Erkenntnismöglichkeiten und den Methoden der wissenschaftlichen Kausalanalyse keine Aussagen zu theologischen Vorstellungen, Fragen oder theologisch erklärten Ursachen machen. Auf der anderen Seite befassen sich Theologen bei der Betrachtung der Schöpfung nicht mit einem naturwissenschaftlichen Phänomen, sondern mit philosophisch-

21 Menzel, R, Eckoldt M (2016) Die Intelligenz der Bienen. *Albrecht Knaus Verlag*, München

22 Herman LN (2002) Exploring the cognitive world of the bottlenose dolphin. In: The Cognitive Animal, M Bekoff, C Allen, GM Burghardt, eds., *MIT Press*, Cambridge Mass: 275–283

theologischen Betrachtungen. Eine interessante Brücke zwischen Philosophie, Religion, Spiritualität und Naturwissenschaft eröffnen die Betrachtungen, die der Philosoph Metzinger in den letzten Jahren vorgebracht hat ([23]). Nach Maßgabe des aktuellen Kenntnistands ist die Entscheidung zwischen oder für beide Sichtweisen eine streng individuelle.

Danksagung

Ich bedanke mich für die kritische Lektüre früherer Versionen des Artikels bei Dr. G. Schwager-Büschges, Universität zu Köln, und Prof. Dr. H-J. Pflüger, Freie Universität Berlin.

....

23   Metzinger, Th. (2009) Der Egotunnel. Piper Verlag, Berlin

Der Mensch in der Evolution –
Von Darwin zu Freud[1]

WOLFGANG SCHMIDBAUER

Freud und praktisch alle orthodoxen Analytiker (nicht aber C.G. Jung) gehen davon aus, dass der Mensch, biologisch gesehen, ein kulturfeindliches Wesen ist. Durch Verdrängung und Sublimierung (Freud) sowie Neutralisierung (Hartmann) müssen die primär antisozialen, maßlosen Ansprüche des Es gemildert und kontrolliert werden. Die Evolutionstheorie zeigt aber sehr deutlich, dass dieses Konzept der Analytiker falsch ist. Der Mensch kann nur in einer kulturell geprägten Evolution entstanden sein. Er ist »von Natur aus« ein Kulturwesen, kulturerhaltende und kulturschöpferische Tätigkeiten müssen seinen angebotenen Triebgrundlagen nicht durch Angst und Zwang abgerungen werden, sondern sind ihre (bio)logische Folge.

Freud und seine orthodoxen Nachfolger haben hier die herrschende Moral in den Industriegesellschaften, die ein hohes Maß an Triebverzicht, Leistungsdenken und oft unmenschlichem Anpassungszwang enthält, mit Kultur schlechthin identifiziert. Den durch die unerbittlichen Forderungen dieser Gesellschaft deformierten Menschen mit seinen folgerichtig unbändigen, ins Unbewusste verwiesenen sexuellen und aggressiven Impulsen verwechselten sie mit dem »natürlichen« Menschen, der durch Erziehung gezähmt und kulturfähig gemacht werden müsse. Ein durch eben diese Erziehung entstandenes Es (das sich erst im Zug der Ich-Entwicklung vom Ich abspaltet, wie noch zu zeigen sein wird) wurde dann, dem Fortschrittsdenken der Zeit gemäß, an den Anfang der seelischen Entwicklung gestellt. Wenn der Mensch unbewusst so bösartig und zerstörerisch war, dann musste er – so nahmen die Analytiker an – von Geburt an so gewesen sein.

Die Erziehung, die kulturelle und familiäre Prägung, die das Kind erfahren hatte, mussten es doch *besser* gemacht haben! Verdrängte, in den seelischen Untergrund verwiesene Triebwünsche können sich nicht im Kontakt mit der Wirklichkeit differenzieren und verfeinern. Dieses Triebschicksal und ihr Resultat hat der geniale Empiriker Freud glänzend beschrieben: das triebhafte, vom ungestalteten Primärprozess beherrschte Es. Die maßlosen, perversen und inzestuösen sexuellen Ansprüche seiner Patienten, ihre heimtückische Aggressivität sah Freud von den Forderungen der Kultur und dem aus dem Ödipuskomplex hervorgegangenen Über-Ich mühsam gebändigt, vom Ich der Realität angepasst.

Er musste ein solches strenges, verbietendes Über-Ich für unentbehrlich halten, da es für ihn unvorstellbar war, wie sehr eben jenes Es, das vom Über-Ich gebändigt werden sollte, durch dieses Über-Ich erst produziert wurde (genauer gesagt: wie jene vielen Lernschritte in der Primärgruppe,

---

die man zusammenfassend »Es« und »Über-Ich« nennt, voneinander abhängen und sich gegenseitig bestimmen). Je mehr Verdrängungen die Familiengruppe und die Gesellschaft fordern, je strenger und verbietender das Über-Ich wird, desto »böser«, chaotischer, mehr dieser Verbote bedürftig wird auch das Es. Die Lehre von der Erbsünde hat sich stets dadurch selbst bestätigt, dass sie durch ihre erzieherischen und kulturellen Konsequenzen sündige Menschen produzierte.

Hier wird nun deutlicher, warum eine evolutionstheoretische Betrachtung der Psychoanalyse gebieterisch verlangt, das individualistische Konzept aufzugeben und gruppendynamisch bzw. sozialpsychologisch zu denken. Wie noch genauer gezeigt werden soll, sind die vor allem von Anna Freud beschriebenen Abwehrmechanismen keine rein individuellen, sondern vor allem Gruppenprozesse. Die Verdrängung etwa, der wichtigste Abwehrmechanismus (bzw. das Kernstück der unterschiedlichen Abwehrformen) entspricht einem Erlebnis- und Erfahrungsverbot in der sozialen Gruppe, in der das Kind aufwächst. Dieses Verbot ist oft den Gruppenmitgliedern gar nicht bewusst, es nimmt die Form einer Wahrnehmungsunfähigkeit an. So werden beispielsweise die kindliche Sexualität oder der Wunsch nach freizügiger Bewegung überhaupt nicht *gesehen*.

Es wird sich zeigen, dass man zwei (freilich in stetiger, enger Wechselwirkung stehende) Grundformen der menschlichen Evolution unterscheiden muss – die biologische, in der Individuen durch Mutation und Selektion verändert werden, und die kulturelle, in der ein analoger Prozess ganze Gruppen und Gesellschaften verändert. Die widersprüchlichen und fragwürdigen Konzeptionen der Psychoanalyse entstanden nun vor allem aus der mangelhaften Unterscheidung, ja der überhaupt fehlenden Beachtung dieser beiden Typen des Entwicklungsgeschehens. So wurde biologischen Mängeln des Einzelnen zur Last gelegt, was tatsächlich eindeutig ein Produkt der kulturellen Evolution ist.

Biologische, kulturelle und psychische Evolution

Nahezu alle Biologen sind sich heute darüber einig, dass die Evolutionslehre Darwins durch den Fortschritt unseres Wissens über Mutations- und Populationsgenetik glänzend bestätigt wurde. Längst liegen geplante und auch ungeplante experimentelle Beweise für sie vor, wie die Selektion antibiotika-resistenter Bakterien-Mutanten und von Insekten, die gegen Schädlingsbekämpfungsmittel widerstandsfähiger sind als ihre Artgenossen. Auch der Mensch ist im Zug der Evolution durch Mutation und Selektion entstanden – durch zufällige Variationen des Erbgutes und das Überleben jener genetischen Variationen, die ihre Träger befähigten, die meisten Nachkommen zu zeugen. Wenn heute noch Einwände gegen die Evolutionstheorie laut werden – wie bei Adolf Portmann[2] –, dann richten sie sich gegen deren dogmatischen Anspruch und weisen darauf hin, dass sie bisher die Entstehung und Entwicklung des Lebens nicht erschöpfend erklären kann. Vor allem würden durch die Zufallsvariation hochkomplexer organischer Strukturen erheblich längere Zeiträume beansprucht, als die Evolution nach den bisherigen Konzepten brauchte, um zu ihren Resultaten zu gelangen[3].

2 A. Portmann, Biologische Fragmente zu einer Lehre vom Menschen, Bern 1969

3 W. Thorpe, Der Mensch in der Evolution, München 1969

Wenn man den evolutionstheoretischen Standpunkt auf tierisches und menschliches *Verhalten* anwendet, dann ergibt sich ein Problem, das die vergleichende Morphologie nur andeutungsweise kennt. Betrachtet man die körperliche Entwicklung, so wird deutlich, dass sie einem genetisch weitgehend festgelegten Programm folgt, das durch äußere Einflüsse nur geringfügig verändert werden kann. Ernährung, Sonnenbestrahlung, Infektionen beeinflussen sicherlich den Bauplan eines Organismus. Aber ihre Auswirkungen sind viel leichter zu erkennen und gegenüber den vorprogrammierten Reifungs-Prozessen abzugrenzen, als das bei Verhaltensweisen der Fall ist. Zwei eineiige Zwillinge können einander täuschend ähnlich sehen und sogar an denselben Zähnen in gleicher Lokalisation kariöse Stellen haben – ihre Persönlichkeiten und ihr Verhalten jedoch sind oft sehr verschieden[4].

Nur ein Teil der Verhaltensweisen von Organismen sind, wie körperliche Merkmale, phylogenetisch angepasst, d.h. »angeboren« (genauer: durch Erbanlagen vorprogrammiert, so dass das Verhalten auch ohne Zustrom äußerer Information realisiert werden kann). Und es ist ziemlich deutlich, dass gerade die Säugetiere proportional zu ihrer Gehirngröße immer weniger von solchen genetischen Verhaltensprogrammen gesteuert werden, die z. B. bei Insekten eine ganz entscheidende Bedeutung haben (so sehr, dass Ameisen Parasiten in ihren Staaten dulden, die ihre Brut fressen, weil diese Duftstoffe produzieren, welche »freundliches« Verhalten der Ameisen bewirken).

Eine Fehleinschätzung der Lorenz-Schule liegt in der Ansicht, dass »angeborenes«, »instinktives« Verhalten auch durch Lernen weitgehend unveränderlich sei. Eibl-Eibesfeldt hat 1967 gefordert, die Ethologie müsse herausfinden, »welche Störungen sozialen Verhaltens von der Erziehung her beeinflussbar sind und welche nicht«[5]. Wie unsinnig es ist, aus ethologischen Spekulationen über einen »Aggressionsinstinkt« des Menschen von vornherein Versuche abzulehnen, Aggression durch Lernen einzuschränken, habe ich schon an anderer Stelle gezeigt[6].

Ist also das menschliche Verhalten vorwiegend durch individuelles Lernen bestimmt? Das ist nur begrenzt richtig. Der Mensch ist sicher keine Tabula rasa, in die während seiner Lebensgeschichte alle möglichen Zeichen eingegraben werden können. Jeder Lernvorgang beruht auf einer genetisch vermittelten Grundlage, die Bedingungen und Grenzen des Lernens festlegt, etwa die »Verstärker«, welche bestimmte Verhaltensweisen fixieren helfen. Diese genetischen Grundlagen legen zunächst auch fest, was als Lust, was als Unlust erlebt wird (das »Lustprinzip« Freuds). Auf der anderen Seite aber ist bisher keine menschliche Verhaltensweise nachgewiesen worden, die sich durch Erfahrung nicht verändern ließe.

Jedenfalls aber unterscheidet sich die Anpassung des Menschen erheblich von den Formen des Lernens, die man bei Tieren beobachten kann. Sie enthält ein Element, das der phylogenetischen Anpassung bei Tieren vergleichbar ist, nämlich die Aufnahme einer kulturellen Tradition. In ihr werden

....

4   Vgl. die Studien an von Geburt an getrennt aufgewachsenen eineiigen Zwillingen in: H. H. Newman, Multiple Human Births, New York 1940

5   I. Eibl-Eibesfeldt, Grundriss der vergleichenden Verhaltens-Forschung, München 1967, S. 12

6   Ebd., S. 71, sowie W. Schmidbauer, Die sogenannte Aggression, Hamburg 1972 und W. Schmidbauer, Vom Es zum Ich. Psychoanalyse und Evolutionstheorie, München 1975, Berlin 2005

teilweise jahrtausendealte Erfahrungen weitergereicht, was sonst nur durch genetisch festgelegte Informationen möglich ist. Doch sind diese Traditionen nicht so fixiert und nur nach dem umständlichen Prozess von Mutation und Selektion veränderbar wie Erbanlagen, sondern sie werden von jedem einzelnen durch Lernprozesse erworben. Bei Tieren finden sich vergleichbare Traditionen nie. Andeutungen hat man immerhin in Affensozietäten gefunden, die bestimmte Gruppenstrukturen und technische Fertigkeiten (etwa das Reinigen von Getreide durch eine Waschprozedur) als Verhaltenstradition weitergeben können[7].

Die wichtigsten Gesetzmäßigkeiten, welche das Verhalten höherer Tiere bestimmen, haben Lernpsychologen und Ethologen in den letzten Jahrzehnten formuliert: das operante und klassische Konditionieren (Verhaltensformung, bedingter Reflex) auf der Seite der ontogenetischen Anpassung, Instinkthandlung, Angeborener Auslösender Mechanismus (AAM), gleitende Hierarchie der Verhaltensbereitschaften[8] auf der Seite der phylogenetischen Anpassung. Diese Elemente der tierischen Verhaltenssteuerung werden beim Menschen durch ein Lerngeschehen eigener Art überformt, zurückgedrängt und verwandelt – einem Superlernen, wenn man will: der bewussten Einsicht in konkrete und abstrakte Zusammenhänge.

Mit dieser Einsicht ist die Fähigkeit zum »Probehandeln« verbunden, wie Freud das Denken nannte: Die Konsequenzen der eigenen Tätigkeit und des Umweltgeschehens können vorweggenommen werden. Einsicht bedeutet auch Wahlmöglichkeiten, ein Mehr an Einsicht bedeutet ein breiteres Spektrum möglicher Verhaltensformen. Darin liegt übrigens auch die zentrale Bedeutung psychotherapeutisch vermittelter Einsichten, dass Wahlmöglichkeiten auftauchen, die dem Individuum vorher gar nicht »aufgefallen« sind. Die Einsicht ist in der Lage, dem Menschen genau das zu geben, was den meisten Tieren nur der Instinktmechanismus geben kann: »richtiges« Verhalten, wo die Quittung für einen Fehler der Tod bzw. der Ausfall der Fortpflanzungschancen ist.

Die Einsicht gibt aber nicht nur das, was ein instinktives Verhaltensprogramm geben kann, sondern viel mehr. Während genetisch übermittelte Steuerungsmodelle weitgehend starr sind und – wenn sie durch Lernen verändert werden können – doch solche Veränderungen nur an bestimmten Stellen ihrer Struktur gestatten, bleibt die Einsicht flexibel. Sie kann sich in jede Situation schicken, sie durchleuchten, Konsequenzen ihrer Veränderung vorwegnehmen. Dieser Fähigkeit ist es wohl zuzuschreiben, dass Homo sapiens sich schon als altsteinzeitlicher Jäger und Sammler mit Hilfe einer ganz rudimentären Technologie (aber einem bereits voll leistungsfähigen Gehirn) weiter verbreiten und an eine größere Zahl grundverschiedener ökologischer Situationen anpassen konnte als jedes andere Tier. Der Instinkt mag zuverlässig arbeiten und wenig störbar sein, aber er verändert sich in neuen Umweltsituationen nur durch die schwerfälligen Ja-Nein-Schritte von Mutation und Selektion. Die Einsicht kann durch die bewusste Vorwegnahme der Folgen eigenen und fremden (mitmenschlichen

7   S. Kawamura, The Process of Sub-cultural Propagation among japanese Macaques, in: C. Southwick, Primate Social Behavior, New York 1963

8   Zusammenfassende Literatur bieten E. R. Hilgard/G. H. Bower, Theorien des Lernens I u. II, Stuttgart 1970f ., sowie K. Lorenz/P. Leyhausen, Antriebe tierischen und menschlichen Verhaltens, München 1969

oder natürlichen) Geschehens rasch neue Anpassungsleistungen erbringen und neuartigen Situationen gerecht werden.

Wenn einmal in der Stammesgeschichte ein so hochwirksames, alle möglichen instinktiven Mechanismen an Präzision und Schnelligkeit der Informationsaufnahme und -verarbeitung übertreffendes Instrument zur Verhaltenssteuerung entstanden ist, dann bildet sich rasch ein Selektionsdruck heraus, der darauf abzielt, diese Fähigkeit weiter zu verbessern. Das schließt ein, dass bisherige »starre« Komponenten der Verhaltenssteuerung entmachtet und umgestaltet werden, um der einsichtigen Steuerung nicht mehr im Weg zu stehen, sondern sie zu unterstützen. Das bedeutet auch, dass Triebimpulse beim Menschen nicht mehr wie bei vielen Tieren unmittelbar zu Appetenzverhalten und einer »triebverzehrenden Endhandlung« mit festgelegtem Bewegungsablauf führen, sondern in den Speicher der einsichtigen Verhaltenskontrolle als Anmutungen bzw. Bedürfniserleben eingegeben werden. Einsichtiges Lernen ist ein Lernen eigener Art, auf Zusammenhänge ausgerichtet und um die Integration von Erfahrungen bemüht. Es organisiert Lernvorgänge anderer Gestalt und richtet sie auf ein vorweggenommenes Ziel hin aus – beim Erlernen des Autofahrens etwa die nach dem Prinzip »operanten« Lernens (Verhaltensformung durch Verstärkung erfolgreicher Aktionen) erworbenen Bewegungen des Kuppelns, Schaltens, Gasgebens, Lenkens auf das Ziel einer situationsgerechten Bewegung im Verkehr. Das Integrations- und Organisationszentrum einsichtigen Lernens und damit das System, welches menschliches Verhalten situationsadäquat steuert, kann man das »Ich« nennen[9].

Die Bedeutung der Kultur

Da sich der Mensch durch Einsicht und das Erlernen eines kulturell bestimmten Systems der Verhaltenssteuerung auf eine ganz andere Weise seiner Umwelt anpasst als jedes Tier, verändert sich auch seine Entwicklungsgeschichte. Es ist falsch, nur von einer biologischen Evolution des Menschen zu sprechen, die sich auf die Auslese besser angepasster und darum fortpflanzungsfähiger Individuen – die intraspezifische Selektion – bezieht. Für die spezifisch menschliche Evolution von ausschlaggebender Bedeutung war vielmehr die *kulturelle Evolution*, welche die individuell-biologische Entwicklungsgeschichte ihrer primären Bedeutung beraubte und sie nurmehr in einem zweiten Schritt wirksam werden ließ.

Es ergab sich, dass überlebensgünstige Verhaltensweisen durch sozial-kulturelle Auslese viel rascher optimal gestaltet werden konnten als durch individuell-biologische. Innerhalb der zahlreichen, kleinen Gruppen schweifender Jäger und Sammler überlebten jene Kulturen mit einer sozialen Struktur, Kommunikationsfähigkeit und – eng mit der sprachlichen Kommunikation verbunden – Einsichtsbereitschaft, die sie als Gruppe bzw. Kultur vielleicht nur um einen winzigen Vorsprung erfolgreicher und lebenstüchtiger machte als andere Kulturen.

....

9   H. Hartmann, Ich-Psychologie, Stuttgart 1972

Dieser Schritt von der primär individuell-biologisch-genetischen zur kulturellen, auf Gruppentraditionen abgestellten Evolution ist für die menschliche Entwicklungsgeschichte ebenso ausschlaggebend, wie er es bis heute für die menschliche Psychologie und Soziologie geblieben ist. Er beginnt mit jenem Zeitpunkt, an dem nicht mehr primär das schlechter angepasste Individuum, sondern die in bestimmten Einzelheiten weniger funktionsfähige Gruppe oder Kultur ausstarb und sich andrerseits eine besser funktionierende Gruppe bzw. Kultur ausbreitete, entweder, indem sie anderen Kulturen die Lebensgrundlage entzog (durch Konkurrenz in Bezug auf Nahrungsquellen, aber auch auf Gruppenmitglieder), oder auf einem viel friedlicheren Weg, indem ihre Merkmale von anderen Kulturen übernommen wurden.

In diesem Prozess einer kulturellen Evolution setzten sich zahlreiche elementare Regeln des sozialen Zusammenlebens durch, die heute als »kulturelle Universalien« erscheinen: das Inzestverbot etwa, die Paarbindung zwischen Männern und Frauen, eine begrifflich geordnete Sprache, Begräbnisriten, Aggressionsverbote innerhalb der Gruppe[10]. Das geschah, weil nur jene Kulturen, die solche Universalien akzeptierten, funktionieren und als Kultur überleben konnten. Nur in einer Gemeinschaft, die den Inzest verbietet, kann beispielsweise das spezifisch kulturelle Wissen optimal überliefert und damit die Gruppenstruktur erhalten werden. Zudem fördert das Inzestverbot den freundschaftlichen Austausch zwischen sozialen Gruppen, vermehrt die friedlichen Kontakte zwischen den Familien und ist auch unter diesem Gesichtspunkt »selektionsgünstig[11]«.

Es ist ganz klar, dass durch den Beginn der kulturellen Evolution die individuell-biologische Evolution nicht beendet worden ist. Sie wurde lediglich überformt, wie ja auch die Einsicht als »Superlernen« in der menschlichen Verhaltenssteuerung andere Elemente (Instinkte, Reflexe) nicht eliminiert, sondern nur umgestaltet hat: die Instinkte zu sehr variablen Bedürfnissen, die angebotenen auslösenden Mechanismen zu Anmutungserlebnissen mit einem hohen Grad kultureller Plastizität.

Die kulturelle Evolution wurde durch die ersten Anfänge einsichtigen Verhaltens (das man, wie Wolfgang Köhlers Versuche an Menschenaffen gezeigt haben, bereits bei Schimpansen und anderen Primaten beobachten kann) ermöglicht und steigerte gleichzeitig die Progression weiterer Fortschritte in dieser Richtung. Zunehmend wirkte der genetische Selektionsdruck nicht mehr auf die Anpassung an die natürliche Umwelt hin, sondern auf die Anpassung an eine Kultur. Da die kulturelle Evolution ihrerseits viel rascher und veränderungsfreudiger abläuft als die biologische, die ja auf zufällige Mutationen angewiesen ist, hatte sie bei aller Formenvielfalt der Kulturen (ja gerade deretwegen) eine einheitliche, biologisch-genetische Konsequenz.

Der Mensch wurde zum »Kulturtier«, dessen genetisch-psychologische Dispositionen ganz auf die Verinnerlichung einer Gruppennorm abgestellt sind. Es entstand ein Menschentypus – Homo sapiens –, der fähig war, sich an kulturelle Forderungen anzupassen, ohne sich – wie es die genetische Anpas-

---

10 Vgl. V. Reynolds, Offene Gruppen in der menschlichen Evolution, in: W. Schmidbauer (Hrsg.), Evolutionstheorie und Verhaltensforschung, Hamburg 1974

11 Darauf basiert die Theorie des Inzestverbotes von C. Lévi-Strauss, Les Structures Elementaires de la Parenté, Paris 1949

sung verlangt – auf sie gewissermaßen festnageln zu lassen. Die Ansprüche dieses positiv beschleunigten und biologisch äußerst erfolgreichen Entwicklungsprozesses konnten nur jene genetischen Einheiten erfüllen, die kulturelle Ansprüche ontogenetisch, durch einsichtiges Lernen, erfüllten. So entstand Homo sapiens, biologisch gesehen ein Spezialist für das Nicht-Spezialisiertsein, für offene, weite Lebensräume, für die aktive Veränderung seiner Umwelt und seiner selbst.

Menschliche Kultur und damit menschliches Überleben sind nur in Gruppen möglich. Die Gruppe ist eine Lebensnotwendigkeit für das menschliche Kind, ebenso unentbehrlich wie Nahrung, Wärme, Schutz vor Beschädigung. Da die Gruppe gemeinsamer Nenner und Voraussetzung kindlicher Bedürfnisbefriedigung ist, besteht auch eine primäre Ich-Funktion des Neugeborenen, sich mit allen ihm möglichen Mitteln Schutz und Zuwendung dieser Gruppe zu verschaffen – also eine primäre Liebe und eine primäre (Verlassenheits)Angst im Gegensatz zu dem von Freud konzipierten primären Narzissmus, der sich erst dadurch in »Liebe«, d.h. in Objektbeziehungen umwandelt, dass die Mutter die Bedürfnisse des Kindes nach Speise, Trank und Wärme erfüllt[12].

Die primäre Liebe des Kindes und seine reale, vollständige, Abhängigkeit von der Gruppe bestimmen auch die frühen, entscheidenden Perioden seiner Ich-Entwicklung. Das Ich entwickelt sich entlang der Linien, die ihm von der Dynamik der Primärgruppe vorgezeichnet werden. Es ist geradezu die nach innen fortgesetzte Dynamik dieser Gruppe selbst. Und gerade aus diesem Grund ist auch das menschliche Ich ebenso sehr ein Produkt der kulturellen wie der biologischen Evolution: die genetische Grundlage *ermöglicht* es, die Gruppe (und mit ihr die Kultur) *verwirklicht* es.

Während der bei weitem überwiegenden Periode der menschlichen Evolution (schätzungsweise über 95 Prozent der gesamten Zeitspanne) war die Persönlichkeits- und Kulturentwicklung von kleinen Gruppen einander persönlich bekannter Jäger und Sammler bestimmt. In dieser Zeit erfolgten die wichtigsten Evolutionsschritte zum Homo sapiens, wie wir ihn heute kennen. Die Periode seit der Entdeckung von Ackerbau und Viehzucht, seit dem Beginn der Geschichtsschreibung hat den biologisch-genetischen Typus des Menschen nicht mehr verändert. In dieser Tatsache wurzeln auch die Widersprüche zwischen biologischer und kultureller Evolution, in denen ich die Hauptursache seelischer Leiden und sozialer Störungen sehe. *Wir leben nicht mehr in der Kultur, an die unsere Gene angepasst sind; wir müssen uns an eine Kultur anpassen, die als Kultur höchst erfolgreich ist, aber als Lebensumwelt unseren Genen nicht entspricht: Anonyme Institutionen, Bewegungsmangel, Affektkontrolle, rasanter technischer Fortschritt – »zuviel des Guten«!*

Es gibt keine Volks- oder Gruppen»seele«, wie es die frühen, noch von der Romantik beeinflussten Völkerpsychologen glaubten[13], sondern nur einzelne Menschen, die Gruppen bilden und von Gruppen geprägt werden. Die Struktur dieser Gruppen mit ihren Mythen, Sitten, sprachlichen und religiösen Symbolen ist eine semantische Realität, an der kulturelle Mutation und Selektion ansetzen. Aber diese Realität ist untrennbar mit den einzelnen Menschen verknüpft, die ihre Positionen in dieser Struktur ausfüllen. Wie ein Organismus leben und handeln kann, während ständig die Moleküle aus-

---

12 M. Balint, Die Urformen der Liebe und die Technik der Psychoanalyse, Bern und Stuttgart 1966

13 Bis zu Wilhelm Wundt, Völkerpsychologie, Leipzig 1910, und z.T. selbst Sigmund Freud, Totem und Tabu, 1912

getauscht werden, die ihn aufbauen (so dass binnen eines Jahres buchstäblich jedes Element dieses Ganzen erneuert wurde), so wird auch die Macht einer Gruppenstruktur – im weiteren Sinn einer Kultur, einer Gesellschaft – nicht dadurch vermindert, dass die Träger dieser Struktur auswechselbar sind. Im Gegenteil: Gerade an ihnen erweist sich ihre Macht.

Diese Macht ist so groß, dass sie in einer bestimmten Epoche der westlichen Gesellschaften ihren Ausdruck in der subjektiven Illusion und kollektiven Ideologie vom eigenständigen, selbstverantwortlichen, in Einsamkeit und Freiheit entscheidenden Individuum fand – in jenem bürgerlichen Bewusstsein, das nicht nur für Freud, sondern auch für viele andere Psychologen, Philosophen und Anthropologen der Bezugspunkt ihres Denkens wurde.

Die orthodoxe Psychoanalyse hat diese bürgerlich-individualistische Ideologie insofern fortgeführt, als sie sich von einer Bewusstmachung der verdrängten infantilen Erlebnisse und Phantasien innerhalb der Übertragung eine Stärkung des individuellen Ich versprach. Nur nebenbei haben Analytiker den Kranken als Mitglied einer Gruppe und damit auch die ganze Gruppe, in der er lebte, behandelt. (Freuds Krankengeschichte vom kleinen Hans ist die erste analytische »Familienberatung«. In seinem Behandlungsbericht erwähnt der »Wolfsmann« ebenfalls viele Einzelheiten[14], die darauf hinweisen, dass Freud die Familiengruppe seiner Patienten durchaus gesehen hat, auch wenn er in der Theorie ganz individualistisch dachte. Auch Ferenczi zeigt in seinen Arbeiten eine Reihe von Hinweisen auf eine nicht individuozentrierte Praxis[15].)

Die Tatsache, dass Homo sapiens in einer seit nahezu einer Million Jahren bereits kulturell geprägten, auf die Verinnerlichung von Gruppenstrukturen ausgerichteten Evolution als biologische Art entstanden ist, hat für die psychoanalytische Theorie entscheidende Konsequenzen. Sie kann nicht mehr davon ausgehen, dass der Widerspruch zwischen Triebanspruch und kulturellen Forderungen schlechthin für die Entstehung von Neurosen von entscheidender Bedeutung ist. Das Triebleben des Menschen ist seiner biologischen Natur nach nicht kulturwidrig. Es muss genauer untersucht werden, welche kulturellen Forderungen das »Unbehagen in der Kultur«[16] auslösen; es geht nicht mehr an, von Kultur schlechthin zu sprechen.

So sehr man von diesem Blickwinkel aus Freuds Kulturtheorie revidieren muss – vor allem seine Überzeugung, dass die Sublimierung libidinöser Energie notwendig sei, um kulturschöpferische Leistungen zu ermöglichen –, so wenig darf man über seine konkreten Beobachtungen hinweggehen, die zeigen, wie die triebhaften Wünsche seiner Patienten den verinnerlichten Gruppennormen widersprachen, welche ihre Ich-Entwicklung in der Kindheit bestimmt hatten.

14   Der Wolfsmann, vom Wolfsmann, Frankfurt 1972

15   S. Ferenczi, Schriften zur Psychoanalyse, II, Frankfurt, S. 127f., 147f., 212f.

16   S. Freud (1930), Das Unbehagen in der Kultur, Wien

Was ist der Mensch? – Grundsatzentscheidungen über Tod und Leben am Beispiel des Suizids

BERND DEININGER

Der Philosoph und Psychiater Karl Jaspers hat sich in seinen Werken, insbesondere auch in seiner Allgemeinen Psychopathologie, mit dem Phänomen des Todes und des Suizids auseinandergesetzt. Er beschreibt, dass ein Mensch, der sich gänzlich verlassen und einsam fühlt, sich in der Welt ohnmächtig empfindet, sich krank und ohne Beziehung erlebt, ein Gefühl entwickeln kann, dass es ein tröstender Gedanken sei, sich das Leben nehmen zu können, weil der Tod dann wie eine Rettung erscheint.

In der Fülle der täglichen Hiobsbotschaften ist die erfreuliche Nachricht weitgehend untergegangen, dass die Suizidraten und absoluten Suizidzahlen kontinuierlich zurückgehen und sich in den letzten 30 Jahren halbiert haben.

Im Jahre 1980 gab es noch etwa 18.000 Selbsttötungen in der damaligen Bundesrepublik, im Jahre 2015 ging die Zahl für Gesamtdeutschland auf etwa 8.000 zurück. Dazu kommen noch, nach zuverlässigen Schätzungen, etwa 150.000 Selbsttötungsversuche.

Die Mehrzahl der Suizide und Selbsttötungsversuche erfolgen im Rahmen einer depressiven Störung. Suizide, wie der des an einer rezidivierenden Depression erkrankten Fußballnationaltorwarts Robert Enke im November 2009, sind auf die Gesamtzahl der Suizide bezogen am häufigsten.

Dabei handelt es sich hierbei nicht um das, was oberflächlich mit dem Begriff »Freitod« beschrieben ist. Vielmehr haben unterschiedliche Studien gezeigt, dass über 90 Prozent der Suizide vor dem Hintergrund einer psychiatrischen Erkrankung erfolgen, am häufigsten taucht dabei die Diagnose einer Depression auf. Erst an zweiter Stelle folgen dann Erkrankungen wie endogene Psychosen oder verschiedene Formen von Suchterkrankungen.

Auffällig ist, dass Männer ein vielfach höheres Suizidrisiko als Frauen aufweisen, wobei die Suizidrate mit höherem Lebensalter der Männer exponentiell zunimmt. Diese Geschlechterunterschiede erscheinen auf den ersten Blick unverständlich, da Frauen etwa doppelt so häufig an Depressionen erkranken als Männer. Eine Erklärung könnte sein, dass es eine geschlechtsspezifische Präferenz für bestimmte Methoden, den Suizid zu begehen, gibt.

Von Frauen wird mit weitem Abstand am häufigsten die Tabletteneinnahme als Methode zur Selbsttötung gewählt, wobei bei dieser Methode in mehr als drei Vierteln der Fälle eine Rettung erfolgt und somit der Versuch überlebt wird. Männer hingegen wählen meist Methoden, wo es eigentlich kaum eine Chance gibt, diese zu überleben, wie etwa Erhängen oder Erschießen. Obwohl also Frauen häufiger als Männer Selbsttötungsversuche unternehmen, sind aus dem oben genannten Grund die vollendeten Suizide bei Frauen geringer als bei Männern.

Zu den geschlechtsspezifischen Faktoren kommen aber auch medizinische und soziale Aspekte hinzu, die eine große Rolle spielen. Menschen, die nach einer Trennung oder Scheidung alleine leben, sind eher gefährdet, als solche, die einen stabilen Freundeskreis haben, die in sozialen Gruppen verbunden mit anderen sind oder die auf Geschwister zurückgreifen können, die ihnen zur Seite stehen. Auch arbeitslose Menschen, die ohnehin sich häufig nutzlos und nicht anerkannt fühlen, sind eher gefährdet einen Suizidversuch zu unternehmen. Bekannt ist, dass etwa ein Viertel der Menschen, die einen Suizidversuch überlebt haben, erneut einen Versuch unternehmen. Aus diesem Grunde ist es deshalb besonders wichtig, diesen Menschen Hilfestellungen zukommen zu lassen.

Aber nicht alle suizidgefährdeten Menschen sind krank im medizinischen Sinne, indem sie also eine ICD–10-Diagnose haben, sondern es gibt auch Menschen, die zu Kurzschlussreaktionen neigen oder solche, die glauben, ihr Leben habe keinen Sinn.

Nur der Mensch ist tatsächlich in der Lage, über die Beendigung seines eigenen Lebens nachzudenken. Anderen Lebewesen der Säugetierreihe ist dies nicht möglich. Das hat zu historisch und kulturell unterschiedlichen Bewertungen geführt. Den philosophischen Standpunkt, Suizid als Freiheitsrecht zu interpretieren, haben große Denker von Platon und Kant bis zu Camus hinterfragt, und sich mit diesem Thema intensiv auseinandergesetzt. Nach Albert Camus ist der Suizid das einzige wirklich ernste philosophische Problem überhaupt.

In der griechischen Philosophie gab es unterschiedliche moralische Beurteilungen und Bewertungen, insbesondere auch über die Frage, ob es einen »freien Suizid« überhaupt gibt. Platon ist der Auffassung, dass dem Menschen die Verfügung über das eigene Leben zu entscheiden entzogen ist.

Für Aristoteles ist zu sterben, um Armut, Liebeskummer oder sonst etwas Unangenehmes zu vermeiden, nicht Kennzeichen des Tapferen, sondern vielmehr des Feigen. In der griechischen Polis wurde die Auffassung vertreten, dass der Suizid, ähnlich wie jeder Mord, die Ehrlosigkeit des Betreffenden nach sich zieht.

Pythagoras spricht erstmals davon, dass die körperliche Existenz des Menschen von einem überdauernden Charakter der Psyche eingehüllt ist, sodass er den Suizid ablehnt. Euripides hingegen betont, dass der Mensch bei Verlust der Möglichkeit, frei zu leben, dann wenigstens frei sterben solle. Aristoteles sieht, wie oben schon angedeutet, den Selbstmord nicht als einen Verstoß gegen die eigene Person, sondern vor allem als ein Unrecht gegen die Gemeinschaft, gegen den Staat an.

Die nacharistotelischen Schulen der Stoa, der Skepsis und der Epikureer wandelten diesen Standpunkt weitgehend ab. Etwa um 100 vor Christus erfährt die Philosophie an dieser Stelle eine Akzentverschiebung vom Metaphysisch-Spekulativen hin zum Ethisch-Pragmatischen. So sieht Zenon in krisenhaften Lebenssituationen den Selbstmord nicht nur als erlaubt, sondern geradezu als eine Tugend an. In besonderer Prägnanz wird dieser Gedanke dann von Seneca weiter entwickelt.

Für Thomas von Aquin sprechen drei Argumente gegen eine Selbsttötung. Das erste ist ein natur-rechtlich-personales Argument. Er geht davon aus, dass es eine naturgemäße Selbsterhaltung gibt, die um die Liebe, mit der sich jeder Mensch selbst zu begegnen hat, zu erweitern ist. Zum zweiten beschreibt er ein Argument aus sozial-ethischer Position. Der Suizid sei ein Unrecht gegen die Gemeinschaft, der jeder Mensch als ein Teil angehört. An dritter Stelle formuliert er dann das theologische Argument, indem er betont, dass der Suizid sich gegen die von Gott festgesetzte Ordnung, dass nur er über Leben und Tod zu entscheiden hat, stellt.

In der modernen moralphilosophischen Debatte zum Suizid nimmt Immanuel Kant eine wichtige Rolle ein. Kant vertritt, wenn es um die Selbsttötung geht, in etwa die Ansicht, dass es eine Pflicht des Menschen sei, sein Leben zu erhalten; und es gäbe auch noch eine unmittelbare Neigung, das zu tun.

Kant fragt, ob eine Natur denkbar ist, die jedes Leben beendet, wenn ihm Übel drohen. Er beantwortet diese Frage mit Nein, denn in der Empfindung von Unlust, etwa im Gefühl von Hunger oder Durst, steckt die Aufforderung für deren Überwindung zu sorgen. Folglich kann eine Natur, die mittels Unlust zur Beförderung des Lebens antreibt, nicht zugleich das Leben zu zerstören drängen. Nach Kant ist es eine Pflicht gegen sich selbst, die dem Lebensüberdrüssigen gebietet, den letzten irreversiblen Schritt nicht zu tun.

Beim Tod von eigener Hand steht die Freiheit in einer radikalen, zugleich ultimativen Weise zur Disposition. Vorausgesetzt, man handelt tatsächlich frei, so versucht man, sich seine Freiheit zu beweisen, indem man sie zugleich verspielt: Wer ungezwungen und wohlüberlegt Hand an sich legt, setzt in Freiheit seiner Freiheit ein Ende.

Aus diesen Überlegungen Kants ist abzuleiten, dass er bereits einen sehr fortschrittlichen Begriff von dem hat, was man heute das »Selbst« nennt. Ein »Selbst«, das niemals einfach ein bestimmter Charakter mit festem Persönlichkeitskern ist, sondern eine innere Vielheit, ein Bündel von Personen. Wer sich tötet, verleiht einer dieser Ich-Instanzen, verführt von der Wucht ihrer Verzweiflung, finale Macht über die Anderen. Ganz in der Tradition Kants, hat später Ludwig Wittgenstein den Suizid, auch den scheinbar wohlbedachten, als illegitimen Akt der Selbstüberrumpelung bezeichnet. Wittgenstein wusste, wovon er sprach: Drei seiner Brüder hatten sich das Leben genommen.

Zwei sehr erfolgreiche Romane des 18. Jahrhunderts haben in Europa zum Thema Suizid viel Diskussionsstoff geliefert: In Jean-Jaques Rousseaus »Nouvelle Heloise« und Goethes »Werther« reflektieren die männlichen Hauptfiguren ausführlich über das Recht des Menschen, sein Leben, wenn es zur unerträglichen Qual geworden ist, eigenhändig zu beenden.

Werther schreitet bekanntlich zur Tat, bei Rousseau entschließt sich der Protagonist St. Preux auch unter dem Eindruck der Gegenargumente seines Freundes Edouard Bomston, weiterzuleben und auf einer Weltreise Distanz zu seinem Liebestrauma zu suchen.

Es wäre verfehlt, die Romane als moralische Lehrstücke zu interpretieren, denen verbindliche Stellungnahmen für oder gegen den Selbstmord zu entnehmen wären. In beiden Werken fasziniert vielmehr die Kunst, mit der der Leser vehement in den Sog der Todesgedanken hineingezogen wird und zugleich die Möglichkeit erhält, das Pathologische an ihnen zu erkennen.

Johann Wolfgang von Goethe stellt die These auf, dass der Selbstmord als ein Ereignis der menschlichen Natur in jeder Zeitepoche neu betrachtet und verhandelt werden muss. Im 20. Jahrhundert hat Jean Améry darauf hingewiesen, dass der Mensch ein Recht auf die Herbeiführung seines eigenen Todes hat. Améry sieht im Suizid – den er konsequent deshalb auch als Freitod bezeichnet – eine Möglichkeit des gescheiterten Menschen, in einem Akt letzter und höchster Freiheit, in Humanität, dieses Scheitern zu beenden, indem man das Leben nichtet.

Hier schließt er sich den Gedankengängen Friedrich Nietzsches an. In seinem Werk »Also sprach Zarathustra« beschäftigt sich Nietzsche mit der Frage, die er als die »dumme physiologische Tatsache des unverfügbaren Todes« bezeichnet. In einer idealistischen Anthropologie, die Bewusstsein und freie Selbstbestimmung verabsolutiert und die Person durch ihre Taten konstituiert sein lässt, muss die Tatsache, dass sich Anfang und Ende des Lebens der Verfügung durch den Menschen selbst entziehen, als ein Übel erscheinen. Nietzsche möchte das Unverfügbare verfügbar werden lassen, indem er eine moralische Notwendigkeit gerade darin sieht, eine Tat freiheitlicher Selbstverfügung herzustellen, um so Herr des eigenen Lebens und des Todes zu werden. Er will sich nicht von den blinden und daher verächtlichen Bedingungen des naturbedingten Todes überwältigen lassen, sich vielmehr dem freien Tod hingeben, der »mir kommt weil ich will«.

Hier kann Nietzsche sofort entgegengesetzt werden, dass der Tod der Person auch bei einer Selbsttötung bewusstlos erlitten wird und weiterhin die Frage auftaucht, ob dieser Tod überhaupt aus Freiheit heraus entwickelt wurde. In dem Lied vom freien Tod mahnt Nietzsche den unvernünftigen, naturbedingten, unfreien Tod mittels Vernunft im freien Tod zuvorzukommen, und nicht – wie faule Äpfel – so lange am Baum hängen zu bleiben, bis der Wind sie herabstößt. Damit drückt er aus, dass das Leben spätestens dann, wenn das Erleiden gegenüber dem aktiven Tun stark überwiegt, wenn der Mensch nicht mehr der freie, über sich selbst verfügende Herr sein kann, sinnlos und unwert, menschenunwürdig wird. So scheidet Nietzsche von seinem transzendenzlosen Verständnis vom Leben her, ganz konsequent, wertvolles von wertlosem Leben.

Dann ist jedoch auch nicht die Freiheit die Ursache der Selbsttötung, sondern die Feststellung des unwerten Lebens. Der Mensch richtet selbst über den Sinn und den Wert seines Lebens und vollzieht dann aufgrund des Urteils: »Nicht wert« die Tötung seiner selbst und rechtfertigt die Tat damit, dass man das wertlos gewordene eigene Leben dem allgemeinen Leben der Gattung opfert.

Die Selbsttötung ist dann eine Folge des Nihilismus, der Gott tot sagt, für den das Leben ohne Transzendenz und Ewigkeit ist, so dass auch das Erleiden des Sterbens absolut sinnlos ist. Die Feststellung der Sinnlosigkeit und des Lebensunwertes bedeutet aber immer eine so tiefe Störung des Selbstwertgefühls, dass der Mensch gar nicht mehr aus Freiheit handelt, die Selbsttötung nicht aus freier Entscheidung, sondern aus Verzweiflung, Resignation, Hoffnungslosigkeit, also aus unfrei-machendem zwanghaftem Schicksal vollzieht, oder aus der Furcht heraus, dem noch vor ihm liegenden Leben nicht standhalten zu können.

Was würde das in seiner Konsequenz aber bedeuten? Das in den eigenen oder anderen Augen sinnlos, hoffnungslos und wertlos gewordene Leben durch den Akt der Selbstvernichtung von seiner Sinnlosigkeit zu befreien, wäre ein Sieg der Sinnlosigkeit, nicht aber der des freien Menschen.

Der Selbstmord ist dann ein Weg, der Situation, der Verzweiflung auf der zeitlichen Ebene zu entgehen; aber er ist kein Ausweg in Bezug zum Ewigen. Damit ist nun nicht doch behauptet, dass jeder Selbstmord psychopathologische Ursachen hat, so, als ob der Mensch dann überhaupt nie überblicke, was er tue, also auch nicht zurechnungsfähig sei, sondern nur, dass der Mensch nicht aus Freiheit, sondern aufgrund von Verhängnis, Zwang, Ausweglosigkeit, also von unfrei-machenden, für ihn selbst meist unabänderlichen und unerträglichen Umständen handelt.

Ob Menschen, die unter Bedingungen von Leiden und Ausweglosigkeit zur Selbsttötung greifen, wirklich sterben wollen, oder ob sie nur unter anderen Umständen leben wollen, ob ihre Selbsttötung – wie Schopenhauer und die Psychoanalyse meinen – nur ein illegitimer Schleichweg zur Bestätigung, nicht aber das Opfer des Lebenswillens ist, mag dahingestellt bleiben.

Dass Unfreiheit und Nichtfreiheit der Grund von Selbsttötungen ist, widerlegt noch nicht das Recht auf Selbsttötung, sondern nur das Trugbild, der Mensch erweise sich gerade darin als freier Herr und Vollender seines Lebens. Wenn Werden und Vergehen des Lebens im dargelegten Sinn bewusstlos erlittene Widerfahrnisse und Verfügungen sind, so zeigt das an, dass das Leben zunächst und letztlich nicht Tat, sondern Erleiden ist, dass die Fremdbestimmung vor der Selbstbestimmung, die Gebundenheit vor der Freiheit steht.

Ein zusätzlicher Problemhorizont wird bei der Betrachtung von Massenselbstmorden aufgemacht: Der Besuch der Felsenfestung Masada gehört zum Pflichtteil einer Israelrundreise. Nicht nur wegen der wilden Schönheit ihrer Natur, sondern auch wegen des politischen Symbolgedankens, der in dem Satz eines israelischen Dichters gipfelt: »Masada darf nie wieder fallen«. Dieser Satz wurde zur Eidesformel der israelischen Rekruten.

Angespielt wird hier auf jenen Massenselbstmord in der Passah-Nacht des Jahres 73 n. Chr. bei dem 960 Menschen den Tod fanden. Der jüdische Historiker Flavius Josephus berichtet über die letzte Rede Eleazars, dem Führer der Israeliten, die der 10. Legion der Römer unter Flavius Silva gegenüber standen. Masada galt als uneinnehmbar, denn Aushungern hatte wenig Sinn, da riesige Nahrungsmittel und Wasservorräte vorhanden waren. Insofern entschlossen sich die Römer zur Erstürmung der Festung.

Sie bauten eine Belagerungsrampe und als diese fertig war, schlugen sie eine Bresche in die Ringmauer; obwohl eine vorwiegend hölzerne Ersatzmauer errichtet wurde, vernichteten sie diese mit Feuer, so dass die Festung am Folgetag erstürmt werden konnte.

In dieser aussichtslosen Lage beschloss Eleazar den Massensuizid. In seiner Rede versuchte er seine Genossen zum Suizid zu motivieren. Stellen wir uns die Rede in etwa so vor: Schon lange sind wir, meine Mitkämpfer, entschlossen, weder den Römern noch sonst jemandem untertan zu sein, außer Gott allein. Entehren wir uns nicht selbst, indem wir jetzt, mit der Sklaverei uns freiwillig die schrecklichen Qualen aufbürden? Ich halte es für eine besondere Gnade Gottes, dass er uns in den Stand setzt, ehrenvoll als freie Menschen unterzugehen. Noch haben wir die freie Wahl, mit unserem Leben, einen edlen Tod zu sterben. Ungeschändet sollen unsere Frauen sterben und unsere Kinder, ohne die Sklaverei zu kennen. Und sind sie vorangegangen, wollen wir selbst einander den Liebesdienst erweisen und uns die Freiheit als Leichentuch bewahren.

Am Ende seiner Rede meint Eleazar sogar, dass das Leben für den Menschen ein Unglück sei und der Tod die Seele aus den Banden des sterblichen Leibes befreit. Gott und die Gesetze erteilten den Befehl, unversklavt zu sterben, Frauen und Kinder würden darum flehen. Die Wirkung war zunächst außerordentlich. Wie besessen drängten die Genossen zur Tat und mordeten ihre Frauen und Kinder dahin. Hieraus wählten sie zehn Genossen aus, die alle übrigen töteten, welche ihnen bereitwillig die Kehlen darboten. Zuletzt wurde einer ausgelost, der die neun noch Verbliebenen umbringen und als Letzter von eigener Hand sterben sollte.

Wie ist nun dieser Massenselbstmord zu verstehen? Wie ist es überhaupt um das Verhältnis von Töten, Getötet-Werden und Sterben-Wollen beschaffen? Jener drei Teilkomponenten des Suizids, die der Psychiater Karl Menninger herausgestellt hat.

In Masada jedenfalls ging es außerordentlich mörderisch zu. Entlud sich hier gegen die eigenen Genossen eine jahrelang aufgestaute Mordlust, die den Römern galt? Wollte Eleazar lieber tote Genossen als solche, die mit den Römern in Berührung kamen? Die verführerische Rede ist unter massenpsychologischen Gesichtspunkten zu betrachten.

Massenpsychologie heißt seit Freud regressive Veränderung im Ich des Individuums auf archaischere, primitivere Stufen des Fühlens, Denkens, Wollens und Handelns, vergleichbar dem Zustand der Hypnose, wo die Suggestibilität ja besonders groß ist. Hierbei dürfte das Ansprechen bisher unterdrückter triebhafter Impulse, wie etwa mörderische Aggression, ebenso wenig seine Wirkung verfehlen, wie die Betonung narzisstischer Positionen der Selbstliebe und Wertschätzung, das Aufzeigen der Möglichkeit eigener Allmacht und Größe, von Unsterblichkeit und erhöhter Wiedergeburt.

So gesehen hat Eleazar gutes Gespür bewiesen: Niemand untertan sein als dem eigenen Gott, der die Auserwählung garantiert, lieber tot als versklavt, Freiheitsliebe, masochistische Rache am Feind, Frauen und Kinder als Verfügungsobjekt in den eigenen Tod mitreißen, der lediglich einen Übergang zu einem reicheren Leben darstellt. Aber Masada war lediglich ein Nachspiel jenes Krieges und Bürgerkrieges, der mit dem galiläischen Aufstand unter der Führung eben des Josephus begann und der 70 nach Christus mit der Zerstörung Jerusalems unter Titus endete.

Nach den Berichten des Josephus endeten viele Städte auf selbstmörderische Weise. Bei der Einnahme Jaffas durch die Römer starben 12.000 Menschen, viele durch das Schwert ihrer Kameraden, viele durchbohrten sich selbst. Aber auch im Mittelalter gingen viele Judenpogrome mit jüdischen Massensuiziden einher. So starben beispielsweise in Mainz zu Beginn des 1. Kreuzzuges (1096) etwa 1.000 Juden durch eigene Hand, der Rache der Kreuzzügler zuvorkommend.

In der griechisch-römischen Antike kam es immer wieder, dem Muster Masadas vergleichbar, zu Massensuiziden in militärisch aussichtsloser Lage. Viele Städte zogen bei drohender Einnahme den Massensuizid vor, gelegentlich per Ratsbeschluss, so zum Beispiel die Stadt Abydos am Hellespont, die im Jahre 200 v. Chr. von Philipp dem Mazedonier belagert wurde. Berühmt auch der Massenselbstmord der Einwohner der spanischen Stadt Sagunt im Jahre 219 v. Chr., der Hannibal um den Triumph der Einnahme brachte. Beispielhaft auch die Schlacht der Cimbern und Teutonen gegen die Römer in Südfrankreich und Oberitalien, wo nach fast 20-jähriger Wanderschaft 102 v. Chr. die Entscheidung gesucht wurde. Um erst gar nicht ausweichen zu können, hatten sich die germanischen Krieger aneinander gegürtet. Als ihre Reihen dann doch ins Wanken gerieten und sie zur Wagenburg zurückgedrängt wurden, wurden sie von ihren eigenen Frauen niedergemetzelt. Plutarch berichtet darüber: »In schwarzen Gewändern standen die Frauen auf den Wagen und töteten diejenigen, mochte es auch der Gatte, der Bruder oder Vater sein, mit eigenen Händen, erwürgten ihre kleinen Kinder, schleuderten sie unter die Räder und die Hufe der Zugtiere und brachten sich dann selber um. Die Zahl der Toten belief sich auf etwa 100.000.«

Auch innerhalb des Christentums kam es immer wieder zu Massentötungen, so im 13. Jahrhundert, vor allem bei den Albigensern und Katharern, die Verfolgungen durch die offizielle Kirche erlitten. Die Albigenser-Gruppe waren Menschen, die in Südfrankreich lebten und die sich um einen Führer namens Albi gruppierten. Die Katharer waren eine Sekte, die in völliger Askese und Armut lebten und der Meinung waren, dass die irdische Welt von Satan bestimmt sei. Diese Gruppierung hatte sich etwa zwischen 1200 und 1330 n. Chr. ausgebreitet.

Auch fernöstliche Religionen, wie Hinduismus und Buddhismus kennen den kollektiven Selbstmord in der Form des Sich-Ertränkens in einem heiligen Fluss oder des Sich-Werfens unter die Räder des Prozessionswagens oder des Sich-Stürzens in einen Vulkan, wo die Läuterung der Seele von der Schlacke des Körpers angestrebt wurde.

In der Frühzeit der Naturvölker ist von einem Massensterben der polynesischen Maoris berichtet, ohne dass es wohl eine organische Ursache gab, was von manchen Forschern als kollektive Form des psychogenen Suizids aufgefasst wurde. Es handelte sich dabei um ein friedliebendes Volk, was unterworfen wurde. Die daraus folgenden einschneidenden Veränderungen des Lebens hatten psychische Bedingungen geschaffen, die sie nicht tolerieren konnten, so dass es offensichtlich zum Erlöschen des Lebenswillens kam.

Der jüdische Psychoanalytiker Meerloo entwickelte in diesem Zusammenhang die Hypothese eines massensuizidalen Triebes, hergeleitet ganz offensichtlich von Freuds Todestrieben. Charakteristische, auslösende Situationen für einen Massensuizid sind Krisenzeiten, wie sie die Zeitenwende darstellt, oder auch das Mittelalter, die Kreuzzüge oder das Ende des 2. Weltkrieges, womöglich auch unsere jetzige von Atomkrieg, Umweltzerstörung, ungerechter Verteilung von Ressourcen bedrohte Zeit.

Häufig anzutreffende Motive sind Ehre, Würde und Freiheit, also narzisstische Grundpositionen der Selbstachtung und Selbstliebe, bei Frauen auch sexuelle Unversehrtheit. Mordlust und masochistische Rache spielen eine große Rolle, gelegentlich auch eine ausgesprochene Sterbefreudigkeit, vor allem in ausweglosen Situationen ohne Hoffnung auf Besserung der Lage.

Wenn in der Dichtung Suizide und suizidartige Phänomene aufgegriffen und beschrieben werden, so erfordert dies eine ganz besondere Sichtweise, da die Dichtung stark das Bild vom Menschen aufgreift, welches in der jeweiligen Zeit vorherrscht. Schon ein oberflächlicher Vergleich von Antike und Moderne zeigt, dass das Menschenbild in der Dichtung beträchtlichen Schwankungen unterworfen ist.

Der amerikanische Psychoanalytiker Heinz Kohut hat versucht vom Standpunkt der psychoanalytischen Selbstpsychologie diese Schwankungen auf den Begriff zu bringen, indem er den »schuldigen

Menschen« der Vergangenheit, wie er uns etwa im griechischen Drama entgegen tritt, vom »tragischen Menschen« der Moderne unterschied.

Der schuldige Mensch im Sinne Kohuts ist derjenige, den seine Triebspannungen und begrenzten Erkenntnismöglichkeiten in Konflikte und Handlungen verwickelt, derentwegen ihn seine Umwelt oder sein Gewissen schuldig sprechen: hier kommt dem mythischen Ödipus nach wie vor paradigmatische Bedeutung zu.

Was den tragischen Menschen betrifft, so spricht Kohut von der »schuldlosen Verzweiflung« jener, mit anderen Worten: der tragische Mensch würde gerne Schuld empfinden, wenn das seinem Leben und der Welt um ihn herum Sinn verleihen würde; statt dessen erlebt er nur Leere, Sinnlosigkeit und die Abwesenheit all dessen, was der Welt des schuldigen Menschen trotz allem Sinn verlieh.

Dieser fundamentale Unterschied zwischen dem Menschenbild der Antike und dem Menschenbild der Moderne muss sich auch in der unterschiedlichen Bedeutung des Suizidphänomens niederschlagen. Die griechischen Dramatiker kannten den Suizid und begriffen ihn als eine Grenzerfahrung, die auf die Protagonisten ihrer Dramen ebenso unausweichlich zukommen konnte, wie etwa die innere Nötigung zum Mord.

»Entweder muss ich mich jetzt erhängen, oder ich schaue endlich das Licht«, sagt Orest im dritten der Atriden-Dramen des Aischylos, in dem der von ihm begangene Muttermord an Klytämnestra zwischen den hellen Göttern Apollon und Athene und den dunklen Erinnyen verhandelt wird.

Im ersten Teil der Trilogie spricht Klytämnestra davon, dass während der Dauer des trojanischen Krieges wiederholt Gerüchte vom Tode Agamemnons zu ihr gedrungen seien, was sie fast in den Suizid getrieben hätte: »Wegen dieser schrecklichen Gerüchte hat man mir mehr als einmal gewaltsam den Strick vom Halse reißen müssen«, sagt sie, um das Volk von Mykene von ihrer unveränderlichen ehelichen Treue zu überzeugen, obwohl jeder wusste, dass sie in einem ehebrecherischen Verhältnis im Königspalast lebte.

Die Suizidimpulse von Klytämnestra sind aber so zu verstehen, dass sie nicht aus Trauer handeln wollte, sondern weil sie auf diese Weise ihre Rache nicht vollziehen konnte. Der gegen Agamemnon gerichtete Mordimpuls muss sich gegen den inneren Agamemnon, das in ihrem Inneren existente Hassobjekt, entladen.

Aischylos-Protagonisten verhalten sich mit anderen Worten wie es Sigmund Freuds Interpretation des Suizidphänomens in Trauer und Melancholie entspricht. Niemand trage sich mit Selbstmordabsichten, heißt es dort, der solche nicht von einem Mordimpuls gegen andere auf sich selbst zurückwende. Er verhält sich, als ob er selbst das gehasste, angegriffene Objekt wäre, wie es Klytämnestras Suizidäußerung bei Aischylos entspricht.

Selbstmord ist in diesen Dramen also ein Phänomen, das auf das engste mit der Objektbeziehung verknüpft ist. Er ist gewissermaßen der letzte Schlag, der noch über den Tod hinaus gegen ein Hassobjekt geführt werden kann.

Das gilt ebenso für die Ödipus-Dramen des Sophokles, auch wenn in ihnen die Denkmöglichkeit auftaucht, Liebe an die Stelle des Hasses zu setzen: alle Protagonisten – auch Antigone – verfahren so, dass sie mit ihrem Suizid dem Gegenspieler einen letzten Schlag zufügen.

Der Selbstmord Antigones, die von Kreon lebendig begraben wird, führt zum Selbstmord Haimons und im weiteren Verlauf zum Selbstmord seiner Mutter Eurydike, so dass ihr Widersacher Kreon am Ende ohne Frau und ohne Sohn da steht.

Diese enge Verzahnung von Suizid und Aggression gegen ein Hassobjekt, geht in späteren Epochen – vermutlich unter dem Einfluss des Christentums – verloren. Suizid wird verpönt und an seine Stelle tritt der Märtyrer-Tod mit seiner ganz anderen, an einem toten Objekt ausgerichteten Bedeutung. Im elisabethanischen Drama besteht zwar immer noch eine enge Verzahnung von Suizid und Objektbeziehung, doch wenn sich Lady Macbeth unter den Druck ihrer Schuldgefühle in einen Abgrund stürzt, oder Othello sich nach der Tötung Desdemonas erdolcht, ist dies eine Handlung, die sich nur noch gegen das eigene Selbst richtet und in der sich eine Verfehlung der eigenen Existenz abschließend manifestiert.

Ganz anders bei Hamlet, der in einem seiner Monologe Suizid erwägt, wobei diese Phantasie aber weniger einem objektgerichteten Vergeltungsschlag entspricht, sondern eher das Verlangen nach einem Nirwana, eine friedliche Vereinigung des Ich mit seinen Liebesobjekten meint, wie Melanie Klein es aus ihrer psychoanalytischer Sicht formuliert hat.

Aus dieser Deutung des Suizidphänomens entwickelt sich dann zunehmend – komplementär zu der Deutung Freuds – jene Auffassung des Suizids, die wir heute mit Henseler unter dem Begriff »narzisstische Krise« zusammenfassen.

Es ist charakteristisch, dass sich mit dem Erreichen dieser anderen Bedeutungsebene eine Dichotomisierung des Suizidphänomens beobachten lässt. Während es auf der einen Seite nichts von seiner ehemaligen Gewaltsamkeit einbüßt, gibt es auf der anderen Seite zunehmend den Suizid im Gewand der allmählichen Selbstauslöschung, etwa einer aufzehrenden organischen Erkrankung.

In der Dichtung Goethes finden sich beide Formen nebeneinander, als gewaltsame Selbstvernichtung Werthers und allmähliche Selbstauslöschung Eduards in den »Wahlverwandtschaften«. Auf dieser Stufe bedarf es keiner Waffe, keines Suizidinstrumentes mehr, um den Wunsch nach Selbstvernichtung zum Ausdruck zu bringen.

Schließlich gibt es in der neueren Literatur Hinweise darauf, dass es Suizide auch ohne die gewohnte Appellfunktion gibt; das ganze Leben des Betroffenen ist in seiner zunehmenden Erstarrung ein einziger sprachloser Appell.

Einen solchen Ablauf hat Peter Handke in seiner protokollartigen Aufzeichnung vom Leben und Sterben seiner Mutter in »Wunschloses Unglück« festgehalten. Ein geradezu paradigmatischer Text, was das Verständnis des Suizidphänomens in der zeitgenössischen Dichtung anlangt. Die Protagonistin von Handkes Text hat kein menschliches Gegenüber mehr, an das sich ihr Suizid gewissermaßen richtet; ihr gegenüber ist schon seit langem – wie Handke sehr genau herausarbeitet – eine kollektivanonyme Über-Ich-Instanz, die ihr bei ihren vergeblichen Ausbruchsversuchen in ein eigenes Leben grausam, höhnisch und besserwisserisch zusieht. Handke beschreibt sehr einfühlsam, dass es damit anfing, dass meine Mutter plötzlich Lust zu etwas bekam, was er dann ausführte. Doch etwas später taucht eine Gegenstimme auf, die dagegen hält, indem sie formuliert, »sie war also nichts geworden, konnte auch nichts mehr werden, das hatte man ihr nicht einmal vorauszusagen brauchen«. Damit befinden wir uns endgültig im Bereich dessen, was Kohut mit dem Begriff des tragischen Menschen beschreibt.

Auch der Psychoanalytiker Winnicott hat Entscheidendes zum Verständnis dieser neuen Psychopathologie beigetragen, die bei ihm eng mit dem Gegensatz vom »wahren« und »falschen« Selbst bzw. dem fehlerhaften Zusammenspiel dieser psychischen Teilbereiche zusammenfällt. Er spricht in diesem Zusammenhang von der vergeblichen Suche nach Bedingungen, unter denen das verborgene, abgekapselte »wahre« Selbst sich entfalten könnte. Wenn solche Bedingungen nicht zu finden sind, dann muss eine neue Abwehr gegen die Ausbeutung des »wahren« Selbst errichtet werden, und wenn das zweifelhaft erscheint, ist die klinische Folge Selbstmord. Und weiter führt Winnicott aus, dass der Selbstmord die Zerstörung des gesamten Selbst beinhaltet, um die Vernichtung des wahren Selbst zu vermeiden.

Diese Form des Suizids ist nicht mehr auf das Objekt, sondern auf das Selbst bezogen – das Selbst als die Matrix, aus der Objektbeziehungen hervorgehen und in die sie wieder zurückgenommen werden.

Verschiedene Dichtungen sind zwar schwer miteinander vergleichbar, wenn die eine in eine mythische Vergangenheit zurückreicht und die andere mitten unter uns entstanden ist und von unseren heutigen Bedingungen handelt; es dürfte aber deutlich geworden sein, dass sich entscheidende Aspekte des Suizids seit der Antike verändert haben. Vom Suizid der Atriden-Dramen, der einem feindlichen Objekt galt, führte die Entwicklung über Hamlets Sorge um das gute Objekt zur Sorge um das »wahre« Selbst im »Wunschlosen Unglück«. Darin ist eine Bedeutungsverschiebung in Richtung der narzisstischen Krise unverkennbar.

Ich fasse zusammen:

Einen Suizidversuch unternimmt ein Mensch dann, wenn er einer ihm unerträglich oder unlösbar erscheinenden Situation nur dadurch glaubt entrinnen zu können, dass er sich dem Leben entzieht. Beweggründe sind Enttäuschungen, Angst, Angst vor einer Gefahr, vor einem Leiden, vor dem Tode, vor der Entdeckung einer Schuld, vor dem Ausbruch einer Geisteskrankheit oder demenziellen Erkrankung, vor Prestigeverlust, vor Abwertung in den Augen anderer, gleichgültig ob aus eigener Schuld oder unbegründeter Verkennung.

Meist sind es Kurzschlussreaktionen. Bei zwei Dritteln der Suizide oder Suizidversuche beträgt die Zeitspanne vom ersten Gedanken an Suizid bis zur Ausführung weniger als einen Tag, die Zeit vom Entschluss bis zur Tat weniger als sechs Stunden. Länger andauernde Suizidabsichten korrelieren mit sorgfältigerer Vorbereitung und radikalerer Durchführung.

Selbstmordversuchen liegt häufig die Tendenz zugrunde, durch Angriff auf das eigene Leben die Umwelt zu alarmieren, sie in Angst und Schrecken zu versetzen, sie zu beschämen und zu demütigen, sich an ihr zu rächen. Der Suizidversuch ist dann nicht alleine als Versuch anzusehen sich zu töten, sondern unter Umständen als letzte und äußerste Möglichkeit, um den Tod durch gründliche Änderung der äußeren Situation von sich zu wenden. Suizidversuche haben nicht nur einen selbstzerstörerischen Charakter, sondern verfolgen auch die Tendenz, Angehörige zu treffen, um auf diese Weise etwas durchzusetzen. Aggressionen gegen die Umwelt und Umkehr der Aggression gegen die eigene Person können ebenso nebeneinander stehen, wie das Motiv der Alarmierung und die Neigung, aus einer unerträglichen Situation zu flüchten.

Der Suizidversuch ist nicht einfach ein unvollständiger oder misslungener Suizid. Zwischen Suizid und Suizidversuch bestehen wesentliche Unterschiede hinsichtlich der bevorzugten Personengruppen, der Motive und der Durchführung, wenn auch eine scharfe Grenze nicht gezogen werden kann. Es gibt Suizide, die aus äußeren Gründen im Versuchsstadium stecken bleiben, und es gibt Suizidversuche, die ungewollt tödlich enden.

Die dänisch-deutsche Journalistin und Schriftstellerin Johanna Adorján (geb. 1971 in Stockholm) beschreibt in ihrem Erstlingsroman »Eine exklusive Liebe«, wie zwei Menschen, die miteinander alt geworden sind, beschließen, aus dem Leben zu scheiden. Es handelt sich um ihre Großeltern, die alles andere waren, als ein gewöhnliches Paar. Ihr ganzes Leben hinweg sprachen sie sich mit Sie an, und beide hatten eine Vergangenheit, über die sie nicht sprachen, denn sie hatten als ungarische Juden den Holocaust überlebt, kamen nach dem Krieg nach Ungarn und haben nach dem Aufstand in Budapest 1956 Ungarn verlassen und in Dänemark ein neues Leben angefangen. 16 Jahre nach dem Tod ihrer Großeltern hat sich Johanna Adorján über das Gebot der Familie, über den Selbstmord der Großeltern nicht zu sprechen, hinweggesetzt. Sie hat recherchiert und versucht sogar den Tag des Selbstmordes zu rekonstruieren. Dabei hat sie sich mit den Abgründen der europäischen Geschichte des 20. Jahrhunderts auseinandergesetzt und hat auf der Suche nach ihrer eigenen Geschichte die traurige und schöne Geschichte der großen Liebe der Großeltern beschrieben. Der Grund des Selbstmordes war die schwere Erkrankung des Großvaters, der dem Tod ohnehin geweiht war, die Großmutter wollte nicht ohne ihn sein. Es ist das konsequente Ende einer Liebe, die aber andere Menschen, also die eigenen Kinder und Enkel ausschloss.

Diese Bezogenheit auf sich selbst im Sinne einer Symbiose, und die Unfähigkeit der Großmutter, den herannahenden Tod ihres Mannes zu betrauern, führte dann zum gemeinsamen Tod.

Auch hier bleibt die Frage nach der Freiheit des Menschen darüber zu entscheiden, ob er sein Leben beenden kann in Freiheit oder nicht. Auch bei Betrachtung dieses Schicksals, was literarisch eingekleidet ist, bleibt die Frage offen, ob von Freiheit gesprochen werden kann.

Was ist der Mensch unter diesem Blickwinkel. Er bleibt einerseits ein selbstbestimmendes Wesen, was über seine Geburt und seinen Tod reflektieren kann. Problematisch wird es, wenn es um die Frage des Wann und Wie geht. So wie wir als Menschen über unseren Eintritt in die Welt nicht entscheiden können, sondern das Vorgegebene annehmen müssen, so wird es auch auf unser Ende bezogen sein, dass die größte Freiheit, die wir uns zugestehen können, darin besteht, uns unserem Schicksal zu überantworten. Das Schicksal kann dann in unterschiedliche Begriffe, je nach Lebenseinstellung des Einzelnen, eingekleidet werden. Ich persönlich würde als Christ sagen, dass sowohl mein Eintritt in die Welt als auch mein Austreten aus der Welt in der Hand Gottes liegt. Diese Erkenntnis macht mich dann frei und unabhängig und gibt mir die Möglichkeit, mein Leben mit allen Bedingungen, die es bereithält, ob Freud oder Leid, anzunehmen.

Literaturverzeichnis

Adorján, J., Eine exklusive Liebe, München 2011

Améry, J., Werke, Stuttgart 2002

Aries, P., Geschichte des Todes, München/Wien 1980

Aristoteles, Werke, Band 6, Berlin 1983

Freud, S., Gesammelte Werke, Band 10, Trauer und Melancholie, London 1946

Goethe, J.W.v., Sämtliche Werke, Band 1–18, Zürich 1979

Griechische Tragödien, Aischylos, Band 1 und 2, München 1953

Griechische Tragödien, Sophokles, Band 3 und 4, Zürich und München 1979

Handke, P., Wunschloses Unglück, Berlin 1972

Henseler, H., Narzisstische Krisen. Zur Psychodynamik des Selbstmords, Wiesbaden 1990

Henseler, H., Religion – Illusion? Eine psychoanalytische Deutung, Göttingen 1995

Hinschelwood, R.D., Wörterbuch der Kleinianischen Psychoanalyse, Stuttgart 1993

Jaspers, K., Nietzsche, Berlin 1981

Jaspers, K., Allgemeine Psychopathologie, Berlin/Heidelberg/New York 1973

Flavius Josephus, Jüdische Altertümer, Wiesbaden 1993

Jüngel, E., Tod, Stuttgart 1971

Kant, I., Werke, Band 1–10, Darmstadt 1983

Kimmerle, G., Hrsg., Zeichen des Todes in der psychoanalytischen Erfahrung, Tübingen 2000

Kind, J., Suizidal – Die Psychoökonomie einer Suche, Göttingen 1992

Kohut, H., Die Heilung des Selbst, Frankfurt 1979

Kohut, H., Introspektion, Empathie und Psychoanalyse, Frankfurt 1977

Kurz, D.C., Boardman; J., Thanatos – Tod und Jenseits bei den Griechen, Mainz 1971

Nietzsche, F., Gesammelte Werke, Köln 2012

Plutarch, Große Griechen und Römer, Berlin 2011

Safranski, R., Nietzsche – Biografie seines Denkens, München 2000, Wiesbaden 2000

Shakespeare, W., Werke, Band 1 und 2, Berlin 1900

Winnicott, D.B., Von der Kinderheilkunde zur Psychoanalyse, Frankfurt 1983

Winnicott, D.B., Reifungsprozesse und fördernde Umwelt, Frankfurt 1984

Wittgenstein, L., Gesammelte Werke, Berlin 1984

»We need to eat, we need to sleep – and we need music«![1]
Was ist der Mensch? – Musik! Was sonst!

STEFAN BOTT

Im Anfang war das Wort, dann die Musik. Oder umgekehrt? Oder gleichzeitig? Eine Antwort darauf wurde auf ACHT BRÜCKEN für Köln, dem (Musik)-Festival in Köln, das im Jahr 2017 unter dem Motto »Ton. Satz. Laut« stand, zumindest in den Texten der Programm-Macher und in den Musiken, Filmen, Künstlergesprächen und Lesungen zu geben versucht. Die Gemeinsamkeit der Themenfelder liegt auf der Hand: Sprache und Musik kombinieren einzelne Töne und Laute nach bestimmten Regeln. Man spricht von Sprachmelodie ebenso wie von musikalischer Grammatik und nicht zuletzt, über alle kulturellen Grenzen hinweg, von Musik als »universeller Sprache der Menschheit«, so Franz Liszt, Pianist und Komponist.

Und weil Sprache eben nicht nur Schrift, sondern auch Klang ist, behaupten Komponisten der Neuen Musik auch vor dem Hintergrund ihrer eigenen Werke, der »Ursprung der Sprache gehe entwicklungsgeschichtlich auf den Ursprung der Musik zurück. Bevorzugte Muster in der Musik eines Komponisten zeigten auffällige Ähnlichkeiten mit Metrik und Melodik seiner Muttersprache. Der frühkindliche Spracherwerb sei prägend auch für unser musikalisches Empfinden. Aber gilt das auch umgekehrt? Entwicklungsgeschichtlich brauchte es zunächst die Fähigkeit, differenzierte Laute zu artikulieren. Erst danach konnte man sie mit Inhalt belegen. Die Begeisterung für Intervalle und rhythmisch gegliederte Tonfolgen gehe demnach der Sprache voraus. Ein Grund, warum Musik kulturübergreifende Wirkung entfalte.«[2] Was war zuerst: Musik als wahre, allgemeine Sprache, die überall zu verstehen ist, wie Schopenhauer, der Frankfurter Philosoph meinte, wobei bei ihm die Musik noch dem Text dienen sollte, oder im 20. Jahrhundert Schönberg, der Zwölftöner, der sich am Klang der Sprache berauscht und somit Musik mit Sprache gleichsetzte.»Nach eigener Aussage komponierte er viele seiner Lieder berauscht vom Anfangsklang der ersten Textworte, ohne sich um den weiteren Verlauf der poetischen Textworte zu kümmern, um dann später mit größtem Erstaunen fest zu stellen dass er so der dichterischen Intention viel eher gerecht zu werden.«[3]

Was verstehe ich in diesem Zusammenhang unter Musik? Zumindest alles, was die E- und U-Musik umfasst; dazu noch die Klänge und Geräusche der Natur, auch die Stille, die Pause. Und weitere Ge-

---

1   Textzeile aus dem Lied »Track ID Anyone?« (Amygdala: Berlin: Pampa Rec. 2013) von DJ Koze nach: Musikkonsum und Wirkung von Musik auf Jugendliche, Berlin 2013.

2   Langevoort, Louwrens, Fricke, Dr., Stefan: Programmheft Achtbrücken für Köln, Köln 2017.

3   Heusinger, Detlef: Leiter des SWR Experimental Studio – Saisonbroschüre, Freiburg 2017.

räusche, ohne die die neueste Neue Musik nicht auskäme. Ein sehr weit gefasster Musikbegriff also. Passend zu dem, was ACHTBRÜCKEN für Köln unter der künstlerischen Gesamtleitung von Louwrens Langevoort, der auch Intendant der Kölner Philharmonie ist, geboten hat: Urban Jazz, Rhythmus, Tanz, Stimme, Sprechbohrer, Einstürzende Neubauten, Gürzenich – Orchester, Ensemble Experimental, Ensemble Modern, Composition trifft Choreographie, Musiktheater, Hörspiel, Sprachkomposition, Hip Hop unplugged. Oder »Verbrannte Erde«, eine Oper für acht Sänger und zwei Molotov-Cocktail-Werfer – wohl eher eine Performance – als Eröffnungsveranstaltung der Internationalen Maifestspiele Wiesbaden 2017 gehört ebenso dazu wie der Cross-Over-Geiger David Garett. Auch das Nichtstun und Nichthörenkönnen wie zum Beispiel bei »Atlas eclipticalis« von John Cage kann Musik werden, wichtig ist nur, dass es professionell und mit Liebe gemacht wird.

Im Februar 2017 gab Patricia Kaas, Chansonsängerin, ein Konzert in Stuttgart als Teil ihrer Welttournee, die sie durch 40 Länder führt. Sie beginnt mit dem Lied »La longue que je parle«, um dann fast zwei Stunden zu singen, zu tanzen, zu tanzen und zu singen. Mit Band, alleine. Und dann lädt sie die Zuschauer, die Zuhörer ein, nach vorne, dicht an die Bühne, zu ihr zu kommen. Und da springt der Funke über. Ihre Stimme verzaubert, verzaubert die Zuhörer; die Musiker, die Band, unterstützt sie. »Eine Stimme wie dunkler Samt füllt den Klangraum,« – so wird in der Stuttgarter Zeitung zu lesen sein. Und wir, die wir dabei waren? Plötzlich tanzen wir, die alle über 50jährigen, die Sitzenden bewegen ihre Arme und die, die das nicht können, klatschen im Rhythmus. Wir schauen uns an. Wir Zuschauer werden eins mit der Frau, die da singt: Für diese letzte halbe Stunde zumindest. Eins mit ihrer Musik. Wir sind Musik. Um mit den Worten von Elias Canetti aus »Masse und Macht« zu sprechen, wir sind Masse, die die Furcht vor Berührungen abgelegt hat, in der Körper an Körper drängt, rhythmisch klatschend, tanzend, für kurze Moment sind wir alle gleich, wir spüren uns und wir spüren den Tanzenden neben uns, ohne zu wissen, wer und was er ist und wie sie heißt.

Aber man braucht nicht unbedingt eine sündhaft teure Eintrittskarte zu lösen, um Musik zu »erleben«. Gehen Sie in die Sauna – und dann ins Sanarium, eine Sauna mit niedrigerer Temperatur und höherer Luftfeuchtigkeit; mit dem beruhigenden Effekt besonderer Düfte, mit Farben und: Musik, wie »beiläufiges Hören sanfter Naturgeräusche wie das Zwitschern von Vögeln oder das Rauschen von Wasser, durch die die Regenerationsfähigkeit des Körpers erhöht werden soll.«[4] Mal Naturmusiken, mal Kompositionen von Ludovico Einaudi, Phil Glass oder, wer es einfacher liebt, die »Sinfonien der Sinne.« Gehen Sie in Kaufhäuser oder auf Weihnachtsmärkte – da dudelt es nur so aus Wänden, Decken, Drehorgeln und Lautsprechern.

Oder machen Sie selbst Musik. Singen Sie gerne im Chor? Dann gehören Sie zu den etwa 7 Mio. Deutschen, die das auch tun und von denen sich 1.4 Mio. im Deutschen Chorverband organisiert haben. Spielen Sie ein Instrument? Oder wollen Sie ProfimusikerIn werden? Dann sind Sie in Deutschland genau richtig. Der deutsche Musikmarkt ist weltweit einer der dichtesten bezogen auf Orchester, Chöre, LaienmusikerInnen, professionell Musizierende und Zuschauer.

....

4   TUS Fit Stuttgart, Anschlag 2017, Stuttgart 2017.

Tanzen Sie gerne? Auf Musik? Wie Sorbas aus Kummer über den Tod seines Sohnes zu seinem Santuri[5] – hier Musik als Heulen und Wehklagen bei Unglück und Trauer – oder einfach nur so? Weil ihnen eben die Musik Beine macht? Oder aus Freude wie mein Sohn, wenn der Tag etwas Gutes zu bringen scheint. Oder in den Clubs und Diskotheken, wenn die Beat schlägt?

Oder gehören sie zu denen, die noch gar nicht geboren waren und doch schon beschallt wurden, damit es ihnen besonders gut geht im Mutterleib und danach? Mozart soll dafür besonders geeignet sein. Eine Stunde, direkt nach dem Frühstück. Egal ob klassische Musik oder Rockmusik? Wenn Sie die richtige Mischung verschiedener Klänge und Wiederholungen finden, dann war das gut für Mutter und Embryo.

Musik, Klang, Töne, Rhythmus, Melodie – Emotion – ist das der Mensch?

Bevor ich meine These, dass »Der Mensch – fast immer – Musik, was sonst ist « weiter ausführen will, vorausschickend eine kurze, allgemeine Hinführung zum Thema »Was ist der Mensch«. Die Fragestellung ist keine neue. Sie ist unsere Schicksalsfrage. Die Frage nach Sein und Wesen des Menschen ist eine der frühesten philosophischen Fragen. Im sogenannten »Homo-Mensura-Satz – Der Mensch ist das Maß aller Dinge – Anthropos metron habaton« – der vom griechischen Sophisten Protagoras, einem Zeitgenosse des Sokrates, stammt, behauptet Protagoras, dass der Mensch als Einzelner oder die Menschheit als Gesamtheit als Maß für alles genommen werden kann.

Immanuel Kant, Philosoph, Aufklärer aus Königsberg, hat dies in seiner Erkenntnistheorie weiter gesponnen, in dem er festhielt: »Aufklärung ist der Ausgang des Menschen aus seiner selbst verschuldeten Unmündigkeit. Unmündigkeit ist das Unvermögen, sich seines Verstandes ohne Leitung eines anderen zu bedienen. Selbstverschuldet ist diese Unmündigkeit, wenn die Ursache derselben nicht am Mangel des Verstandes, sondern der Erschließung und des Mutes liegt, sich seiner ohne Leitung eines anderen zu bedienen.[6]

Auch andere Disziplinen, wie zum Beispiel die Anthropologie, Biologie, Chemie, Ethnologie, die Geschichtswissenschaft, Kunst, Medizin, Musik, Physik, Psychologie, Soziologie und die Theologie, versuchen jeweils eigene Antworten auf die Frage »Wer sind wir?« zu geben.

Die Soziologe geht davon aus, dass der Mensch nur als Gesellschaftswesen existieren kann und so zur soziokulturellen Persönlichkeit wird: es ist also die Sozialisation, die den Mensch zum Menschen macht.

Die Neurobiologie und Theologie – dazu gaben Prof. Dr. Ansgar Büschges und Pater Dr. Anselm Grün im Text zum Symposion anlässlich des 70. Geburtstages von Dr. Bernd Deininger zum Thema »Was ist der Mensch?« folgende Statements ab:

5   Katzansakis, Nikos: Alexis Sorbas, Hamburg 2005.

6   Kant, Immanuel Was ist Aufklärung? Stuttgart 2005.

»Der Mensch ist im Stammbaum der Tiere im Vergleich der komplexeste Organismus, für den mehr als für die anderen Organismen gilt, dass seine Eigenschaften und Leistungen sich nicht aus der Summe seiner zellulären und organischen Komponenten herleiten lässt. Der Ursprung seiner Besonderheiten im Vergleich zu anderen Tieren ist heute noch nicht naturwissenschaftlich fassbar.«[7]

»Die Bibel sagt uns, dass der Mensch in erster Linie Geschöpf Gottes ist, aber zugleich auch Ebenbild Gottes. Gott hat den Menschen nach seinem Bild geschaffen. Das macht seine Würde aus. Das Wesen des Menschen besteht darin, offen zu sein für Gott, für das Geheimnis. Dort, wo Gott im Mittelpunkt steht, kommt auch der Mensch in seine Mitte. Man kann über den Menschen nicht sprechen, ohne über Gott zu sprechen. Und umgekehrt, unser Sprechen über Gott muss sich auf unser Sprechen vom Menschen beziehen. Das Gottesbild, das wir in uns tragen, korrespondiert immer auch mit dem Selbstbild, das wir von uns haben. Der Mensch ist eine einmalige Person, nicht nur ein Wesen.«[8]

Nach Auffassung der Psychologie gründet das Alleinstellungsmerkmal des Menschen nicht in der Tatsache, dass er ein beseeltes Wesen ist, da schon beim Tier seelische Zustände anzunehmen seien. Denn »trotz aller scheinbar fließenden Übergänge zwischen höheren Säugetieren und den Menschen im Bereich des Triebverhaltens, des Lernens, der Vorstufen der Phantasie, der Abstraktion, der Intelligenz und sozialer Verhaltensformen erscheint beim Mensch etwas völlig neues, biologisch Unableitbares: Seine Fähigkeit, sich als Subjekt der Welt, in der er lebt, gegenüber zu stellen und sich ihrer zu bemächtigen.«[9]

Dies ist ja auch die Frage, die Dr. Bernd Deininger – Mediziner, Psychologe und Theologe – immer beschäftigt hat und beschäftigt: »Im Laufe meines Lebens habe ich immer wieder versucht, auf die Frage, was ist der Mensch, eine Antwort zu finden, musste aber feststellen, dass dies fast unmöglich ist. Letztlich bleiben viele Mosaiksteine, die Beschreibungen des Menschseins aus biologischer, psychologischer und theologischer Sichtweise liefern, aber zusammengefügt ist das, was der Mensch in seiner Gesamtheit ist, doch nicht eingefangen.«[10]

Oder die Ethnologie, als deren Vertreter Prof. Antweiler die kulturübergreifenden Gemeinsamkeiten des Menschen folgendermaßen zu erklären versucht: »Unsere evolutionär gewachsene Psyche ist die Ursache für etliche Universalien, etwa für Vetternwirtschaft, die man überall findet. Homo sapiens hat die meiste Zeit in kleinen Gemeinschaften gelebt, daraus erklärt sich die Tendenz zur Aufwertung der eigenen Gruppe. Aber Biologie und Evolution sind nicht alles, es gibt noch eine zweite Erklärung: Bestimmte Dinge sind irgendwo entdeckt worden und haben sich dann über die Welt ausgebreitet, zum Beispiel der Feuergebrauch oder die Haustiere. Eine dritte Ursache sind einfach die Umstände, die nur bestimmte Lösungen zulassen. Zum Beispiel Bürokratie: Wenn Gesellschaften größer sind als

7   Büschges, Ansgar, Prof. Dr. aus: Programmbroschüre Symposium anlässlich des 70. Geburtstages von Dr. Bernd Deininger – »Was ist der Mensch?« 2016.

8   Grün, Anselm, Dr. Pater, aus: Programmbroschüre Symposium anlässlich des 70. Geburtstages von Dr. Bernd Deininger – »Was ist der Mensch?« , Nürnberg 2016.

9   Brockhaus Enzyklopädie, Wiesbaden 1971.

10   Deininger, Bernd, Dr. Programmbroschüre Symposium anlässlich des 70. Geburtstages von Dr. Bernd Deininger – »Was ist der Mensch?« Nürnberg 2016 .

die 150 Menschen umfassende Kleingruppe der Frühgeschichte, werden sie bürokratisch. Sie brauchen Spezialisten, die koordinieren. Auch der kulturübergreifende Gebrauch von Geld lässt sich so erklären, er ist eine Folge von Globalisierung und Systemerfordernissen.

Es ist sozusagen die Dialektik der Ethnologie, dass die Menschen sich sehr ähneln und es diese kulturelle Vielfalt gibt, die aber ohne die Ähnlichkeiten nicht besonders spektakulär wäre. Will sagen, erst die Ähnlichkeit der Menschen untereinander macht die kulturellen Unterschiede überhaupt erst interessant, und daher ist es Unsinn, beides gegeneinander ausspielen zu wollen.«[11]

Auch in der Musik, insbesondere in der Oper, werden in Inszenierungen Antworten auf die Frage »Was ist der Mensch« zu geben versucht: Der Opernmensch als Liebender, als Leidender, als Liebesleidender, als mächtiges, als ohnmächtiges Wesen. Als Tat- oder Wortmensch wie in der Oper »Moses und Aron« von Schönberg, als Leidender im »Woyzeck« von Büchner, komponiert von Alban Berg, als Liebender oder Weisheitssuchender in der »Zauberflöte« von Mozart. Oder in Richard Wagners »Ring des Nibelungen«, der vom Aufstieg und Niedergang des Nibelungengeschlechts handelt; als Verführer, deren prominentester Vertreter Don Giovanni in der gleichnamigen Oper von Mozart ist − sein Diener Leporello listet in der »Register-Arie« allein in Spanien 1003 Verführte jeden Standes auf. Als Wüstling wie Nick Shadow in »The Rake´s Progress« von Strawinsky oder der finstere Scarpia in »Tosca«. Oder die Vergewaltiger in den »Soldaten« von Bernd Alois Zimmermann nach Lenz. Die Liste ließe sich endlos fortsetzen.

Alle Disziplinen aber erkennen an: Der Mensch ist ein aufrecht gehendes Lebewesen, ein Säugetier mit enormen geistigen Fähigkeiten und technischen Mitteln, die seinem wohl ausgebildeten Gehirn und seiner Fähigkeit, Gedachtes in die Praxis umsetzen zu können, zugeschrieben werden. Und mit sprachlichen Fähigkeiten, die es ihm erlauben, auch über größte Entfernungen, in großen Gruppen, globalisiert und sehr komplex zu kommunizieren.

Wir besitzen Fähigkeiten, die nur uns auszeichnen: »denken, erkennen, sich selbst erkennen, mit anderen mit Hilfe von Zeichen kommunizieren, sich Ziele setzen und sie verwirklichen, nach Regeln handeln, Ideale und Prinzipien aufstellen und sich nach ihnen richten.«[12]

Und manche Disziplinen erkennen weiter an, dass die Kultur bei der Entwicklung des Menschen, der Menschwerdung eine wichtige Rolle spielt, meiner Meinung nach die entscheidende. Kultur verstanden u.a. als Leistungen in den Bereichen Wissenschaft, darstellende und bildende Kunst und Musik. Musik als »ein hörbarer Träger von meist nicht-zeichenhafter bzw. definierter Bedeutung und somit eine spezifische Form der nonverbalen sozialen Kommunikation des Menschen, die in allen Kulturkreisen vorhanden ist. Und Emotionen und ästhetisches Empfinden zum Ausdruck bringt. Sie dient der Synchronisierung kollektiver Handlungen, fördert den sozialen Zusammenhalt und wird auch für therapeutische Zwecke eingesetzt.

....

11 Antweiler, Prof. Dr. Christoph: Zeit Wissen, Hamburg 2009.

12 diesseits.de Das humanistische Magazin aktuelle Ausgabe, Humanistisch.net – Entdecke die Vielfalt. Ist der Mensch das Maß aller Dinge? Postmoderner Anti-Humanismus versus Humanismus als Lebensorientierung Alexander Ulfig, 24. Oktober 2014, Internet.

Die Kommunikation über Musik hat sich wie diejenige über Sprache und Kunst vom Beginn der Menschwerdung an entwickelt. Sie war von Anfang an auch mit rhythmischen Bewegungen des Körpers oder von Körperteilen verbunden, wobei die Entwicklung zwar kulturell unterschiedlich verlief, aber stets auf den gleichen Grundprinzipien beruhte. Im Unterschied zur Sprache bestehen die Elemente der Musik nicht aus Wörtern und verbal-grammatischen Beziehungen, sondern aus Tönen, Akkorden, Klangfarben usw., die in Motiven, Melodien, Rhythmusfolgen und formalen Bausteinen eine hierarchische Strukturierung erfahren. In ihrem Erleben und ihrer Ausführung kommen wechselnde emotionale Zustände zum Ausdruck. Das Verstehen und Nachempfinden des musikalischen Ausdrucks ist ebenso ein kognitiver Vorgang wie die Sprache. Bei ihrer Erzeugung spielen das Kurzzeitgedächtnis und die Erwartungshaltung eine ebenso große Rolle.«[13]

Musik, Sprache und Schrift, über die der Mensch erst seit etwa 5.000 Jahren, angefangen mit der Keilschrift der Sumerer über die altägyptischen Hieroglyphen zur lateinischen Schrift und Sprache verfügt. Und die es ihm möglich machte, zu kooperieren.

»Es wäre beispielsweise durchaus vorstellbar, dass eine Gruppe von Jägern und Sammlern, die vor 30.000 Jahren in Bayern lebten, eine ganz andere Sprache sprach als eine andere, die durch das benachbarte Sachsen streifte. Vielleicht lebten die Bayern in urkommunistischen Gemeinschaften, während die Sachsen die Kleinfamilie bevorzugten. Die Bayern könnten sich darauf verlegt haben, stundenlang Holzfiguren zu schnitzen, während sich die Sachsen auf rituelle Tänze spezialisierten. Und vielleicht waren in Bayern gleichgeschlechtliche Beziehungen die Regel, während sie in Sachsen tabu waren.«[14] Holzfiguren schnitzen und rituelle Tänze tanzen: da darf die Musik, der Tanz, das Schauspiel – eben die bildenden und darstellenden Künste, aber auch das Kunsthandwerk und jede zivilisatorische Tätigkeit nicht fehlen. Tanz, Holzschnitzen, bestimmt auch Gesang, Flötenspiel und Schlagwerk – vielleicht nicht in Bayern, aber in Franken.

Ein kurzer musikgeschichtlicher Abriss zeigt, welch eine große Rolle die Musik schon immer für die Menschheit gespielt hat. Erste Zeugnisse dafür finden sich in der Steinzeit; doch eine systematische Musikpraxis entwickelte sich erst in Altertum und Antike als Wurzeln unserer Musikkultur. Im Altertum wurde die Musik in Europa und Asien eher mit Gottheiten und Kult in Verbindung gebracht; man traute den Ausübenden wie in Indien übersinnliche Fähigkeiten zu; in China diente sie der Förderung der Sittlichkeit und brachte sie in Verbindung mit Tempelmusiken. Dort spielte sie, wie auch in Ägypten, sowohl im öffentlichen als auch im religiösen und privaten Leben eine Rolle.

In Griechenland belegen die Dionysien in mykenischer Zeit in Athen und Abbildungen auf Vasenbildern, Tonscherben, Reliefs die literarischen Überlieferungen der Tragödie, Komödie, des Satyrspiels zu Ehren des Gottes Dionysos eine stark ausgeprägte Musiktradition, doch sind leider keine Noten oder Musikbeispiele erhalten, denn die ersten Tonaufnahmen wurden erst um 1860 n. Chr. gemacht.

....

13 Spektrum Akademischer Verlag, Heidelberg 2000.

14 Harari, Yuval Noah, Eine kurze Geschichte der Menschheit, München 2015.

Dionysos, der Gott des Weines und der Lustbarkeiten, steht für Ekstase und Enthusiasmus. Heraustreten aus sich selbst durch die Musik; und eins werden mit dem Gott und dem anderen.

Assoziationen an Friedrich Nietzsche »Die Geburt der Tragödie aus dem Geist der Musik«, über 2500 Jahre später geschrieben, schwingen hier mit. »Singend und tanzend äußert sich der Mensch als Mitglied einer höheren Gemeinsamkeit: er hat das Gehen und das Sprechen verlernt und ist auf dem Wege, tanzend in die Lüfte emporzufliegen. Aus seinen Gebärden spricht die Verzauberung. Wie jetzt die Tiere reden, und die Erde Milch und Honig gibt, so tönt auch aus ihm etwas Übernatürliches: als Gott fühlt er sich, er selbst wandelt jetzt so verzückt und erhoben, wie er die Götter im Traume wandeln sah. Der Mensch ist nicht mehr Künstler, er ist Kunstwerk geworden: die Kunstgewalt der ganzen Natur, zur höchsten Wonnebefriedigung des Ur-Einen, offenbart sich hier unter den Schauern des Rausches. Der edelste Thon, der kostbarste Marmor wird hier geknetet und behauen, der Mensch, und zu den Meisel-Schlägen des dionysischen Weltenkünstlers tönt der eleusinische Mysterienruf: »Ihr stürzt nieder, Millionen? Ahnest du den Schöpfer, Welt?« [15]

Die römische Kultur ahmte auch in der Musik die griechische nach, wobei hier zur rituellen Bedeutung immer mehr die soziale und militärische kam und sie Einsatz bei Kult, Leichenfeiern, Triumphzügen, im Heer, im Amphitheater und im Zirkus fand. Gespielt wurden: Harfen, Kitharas, Doppelrohr- und Knochenflöten, Leiern, Lauten, Doppelpfeifen, Schalmeien, Zithern, Trompeten, Trommeln, Schlaginstrumente u.v.m. Im Freien eher die »lauten« Instrumente wie Trompeten und Horn und deren häufiger Einsatz auch als Instrumente zum Blasen von Angriffssignalen im Krieg. Heute auch zu sehen in Monumentalfilmen wie »Gladiator«, im Jahr 2.000 produziert, der immerhin 457 Mio. US-Dollar einspielte oder »Ben Hur«, 2016 gedreht.

Das Christentum lehnte nach dem Ende des römischen Reiches um 600 n. Chr. alles Antike als Teufelszeug ab. Die folgenden 1.000 Jahre spielten Gott, Kirche und das Verhältnis des Menschen zu Gott und Kirche die entscheidende Rolle in Philosophie, Bildung und Kunst in ganz West- und Mitteleuropa. Damit änderte sich auch die Funktion der Musik: für die frühmittelalterliche Kirche war es notwendig, sich von den heidnischen Bräuchen abzugrenzen, die – nicht nur im germanischen Raum – noch weit verbreitet waren. Es setzten sich im Selbstverständnis der Kirche für den Bereich Musik drei Maximen durch: Erstens ist Musik nur dann nützlich, wenn sie an die göttliche Schönheit erinnert. Zweitens hat Musik der Religion zu dienen, den christlichen Glauben zu lehren; reine Instrumentalmusik kann dies nicht und muss daher abgelehnt werden. Drittens wird auch Musik zum Zwecke des Tanzens und Vergnügens abgelehnt, denn dies ist heidnisch.

Die damaligen Bewahrer der Kultur – Mönche, Nonnen und andere Geistliche – verbrachten viel Zeit im Gebet. Die Rolle der Musik in der frühen Kirche war einerseits, eine Atmosphäre der Inbrunst zur Unterstützung der langen Gebetsstunden zu schaffen, andererseits, die Messen feierlich und würdig zu gestalten. Die Gesänge jener Zeit waren einfache, schmucklose Melodien, die nicht instrumentell begleitet wurden.

....

15   Nietzsche, Friedrich: Die Geburt der Tragödie Oder: Griechentum und Pessimismus, Stuttgart 2007.

Um das elfte nachchristliche Jahrhundert vollzog sich ein grundlegender gesellschaftlicher Wandel in Europa. Neue Produktionsmethoden in der Landwirtschaft sorgten für anhaltendes Bevölkerungswachstum und rasch wachsende Städte; Handwerk, Handel und Geldwirtschaft weiteten sich sprunghaft aus. »Die Stadt wurde zum kooperativen Unternehmen, und ihre Bewohner spezialisierten sich in zunehmendem Maße. In diesem Umfeld entstand auch die neue Berufsgruppe der Musiker im Dienste der Kirche. Das hatte bald gravierende Veränderungen in der Musik selbst zur Folge. Zwei- und mehrstimmige Gesänge tauchten auf, mehrere Melodien wurden gleichzeitig gesungen und instrumental begleitet. Während man zuvor nach groben schriftlichen Vorgaben improvisiert hatte, brauchte es für die neue Musik eine präzisere Schrift. Der Vorläufer unserer Notenschrift entstand – und damit die Möglichkeit des systematischen Komponierens komplexer Musik nebst der Weitergabe der notierten Werke an Musiker andernorts und nachfolgende Generationen. Damit war der Weg bereitet für die klassische europäische Musikkultur.«[16] Dann kam die Renaissance, die über durchkomponierte Messen und durchgebildeter Mehrstimmigkeit hin zum mehrstimmigen deutschen Lied und zu den Chorälen führte. Im Barock entwickelte sich die venezianische Polyphonie, die Verselbständigung der Instrumentalmusik und die ersten Arien wurden gesungen. Im Rokoko der Mannheimer Orchesterstil mit Stamitz, Gluck, Dittersdorf. Und dann die Wiener Klassik mit Haydn, Mozart, Beethoven. Es folgte die Romantik mit Operetten und Sinfonien, dann der Impressionismus und Expressionismus. Im 20. Jahrhundert bildete sich die Neue Musik: Atonal, seriell, konkret, elektronisch – mit und ohne live – minimal, spektral; und die populäre Musik mit Jazz und Rock

So entwickelte sich die Musik, gemacht von Musikern, bezahlt anfangs in West- und Mitteleuropa von Kirche und Adel, gehört vom Besucher, Zuhörer, Rezipienten, dem, der die Musik nicht macht, sondern der, der die Musik hört und den Musizierenden Rückmeldung gibt. Der Mensch, der Musik konsumiert. Der Musik-Konsument. Wir. Mag sein, dass, wie spekuliert wird, »geniale Beethovens ihr Publikum schon vor 30.000 Jahren mit einer Bambusflöte zu Tränen gerührt haben könnten« [17] ähnlich wie Wagner(ianer) zu Wagners Zeiten und heute; oder beim Sehen und Hören von Filmen und Filmmusiken zum Beispiel wie die Komposition »I see fire« vom SingerSongwriter Ed Sheeran zum Film » Der Hobbit«.

Zuhörer aber gab es schon seit Jahrtausenden. Heute aber werden große Zuhörerkreise über Streaming-Dienste wie den schwedischen Anbieter Spotify oder den amerikanische Anbieter Apple, mit bewegten Bilder und Musik über youtube oder my space musikalisch versorgt – online und offline. Große Menschenmengen, die die Musik real oder als Konserve erleben wollen, brauchen aber auch Orte, an denen die Musizierenden auftreten oder die Konserve zu hören und zu sehen ist: Das Kino mit Filmmusiken – oder über Konzerte in Stadien, Musikhäusern, Stadthallen, Theatern, auf Freiluftbühnen, in Scheunen, Wohnsimmern, Kirchen, Schlössern, Reithallen, Aufzügen, Saunen, Waren-

16 Vortrag von Bastian Klein im Rahmen der Akademie der Marienberger Seminare. Die Textbearbeitung für den Abdruck in der Zeitung haben Andrea Mertes und Andreas Pecht übernommen. Für den Inhalt verantwortlich: Marienberger Seminare e.V. Der 80-minütige Originalvortrag ist als Audio-CD mit bebildertem Begleitheft zu beziehen bei Marienberger Seminare e.V., Tel. 02661/6702, E-Mail: mail@marienberger-akademie.de.

17 Harari, Yuval Noah: Eine kurze Geschichte der Menschheit, Stuttgart 2007.

häusern, Autos, über Kopfhörer übers I-Phone. Die Anzahl der Orte, an denen Musik erklingt, ist in Deutschland, fast, unendlich groß; denn der Deutsche Musik-Markt ist bezogen auf die Bevölkerung der größte und dichteste weltweit.

So lassen die privaten und öffentlichen Sendeanstalten, teils mit eigenen Orchestern, Musik »machen«, sind selbst Produzenten und übernehmen Musik anderer Produzenten; stellen somit den Veranstaltungsort und die Musizierenden. Diese Macheraufgabe übernehmen aber noch viele andere. Es gibt Aufführungen von 83 Theater- bzw. Konzertorchestern, 28 reine Konzert- und 12 Rundfunkorchester sowie über 100 Kammerorchester. Mehr als 15 Millionen Menschen in Deutschland, die in ihrer Freizeit musizieren oder/und in einem Chor singen. Über 38.000 MusiklehrerInnen, die an den unterschiedlichen Schulformen unterrichten. Über 1,4 Mio. Kinder, Jugendliche und Erwachsene, die Instrumental- und Gesangunterricht nehmen oder sich an musikalischer Früherziehung und/oder Grundausbildung beteiligen. 32.400 Studierende an Musikhochschulen plus Studierende an Konservatorien und Musikakademien. Plus der Lehreramtskandidaten für allgemein bildende Schulen mit mehr als 7.500 Studierenden. Die deutsche GEMA, der Verband, der die Rechte von Komponisten und Songtextern vertritt, hat über 70.000 Mitglieder. Ca. 25.000 Menschen sind an öffentlich finanzierten Musiktheatern als künstlerisches Personal angestellt. Sie alle führen die Zuhörenden mit ihren Kompositionen und durch das Umsetzen der Musik in den »Flow«. Und schaffen so sehr häufig musikalische Glücksgefühle.

Wann fühlen sich Menschen am glücklichsten? In dem vielbeachteten Buch »Flow, das Geheimnis des Glücks« beschreibt der Autor genau, wie dieses Glückfinden vor sich gehen kann: »Was ich entdeckte, war, dass Glück nicht etwas ist, was einfach geschieht. Es ist nichts, was man mit Geld kaufen oder mit Macht bestimmen kann. Es hängt nicht von äußeren Ereignissen ab, sondern eher davon, wie wir diese deuten – Glück ist vielmehr ein Zustand, für den man bereit sein muss, den jeder einzelne kultivieren und für sich verteidigen muss. Menschen, die lernen, ihre inneren Erfahrungen zu steuern, können ihre Lebensqualität bestimmen; dies kommt dem, was wir Glück nennen, wohl am aller nächsten. Glück finden wir, wenn wir vollständig eins sind mit jeder Einzelheit unseres Lebens, gleich, ob gut oder schlecht, nicht, indem wir direkt danach suchen. Es ist das, was der Maler fühlt, wenn die Farben auf der Leinwand eine magnetische Spannung zueinander aufbauen, und etwas Neues, ein lebendiges Wesen, nimmt vor den Augen seines erstaunten Schöpfers Gestalt an. Es ist das Gefühl eines Vaters, wenn sein Kind zum ersten Mal auf sein Lächeln reagiert.«[18]

Vollständig eins sein mit jeder »Einzelheit unseres Lebens« – das leistet Musik, das kann sie leisten. Denn die Musik dringt ungefiltert in uns ein und erreicht direkt das limbische System in unserem Stammhirn. Traurige Musik macht traurig, fröhliche Musik fröhlich? Doch was passiert beim Musikhören – bei großen wie bei kleinen Menschen? Neurologen, Psychologen und Biophysiker haben sich mit dieser Frage auseinandergesetzt. Da das limbische System die vegetativen Prozesse wie Atmung, Pulsschlag, Blutdruck, Verdauung oder auch den Hormonhaushalt steuert, ist es auch für die Aufnahme von Musik und das Machen der Musik zuständig. Das bedeutet, dass Musik etwas mit uns macht,

---

18   Csikszentmihalyi, Mihaly: Flow: Das Geheimnis des Glücks, Stuttgart 2015.

bevor wir denken, analysieren, einordnen und beurteilen. Musik ist »rhythmisierte, geordnete Zeit. Während wir Musik hören, tauchen Zuhörer und Interpreten gleichermaßen in einen geordneten Zeitfluss ein, d.h. wir geben einen Teil unseres autonomen Selbst auf. Wir akzeptieren diese »Fremd-strukturierung«, ordnen uns ihr unter – unbewusst, weil Musik auf das limbische System wirkt, wir also nicht urteilen, sondern Musik uns ohne unser bewusstes Wollen in diesen anderen Zustand versetzt. Gemeinsam zu musizieren oder Musik zu hören bedeutet, sich gemeinsam einer fremden Zeiteinteilung zu unterwerfen. Zugespitzt könnte man sagen, dass wir eine gemeinsame Identität annehmen. Tiefenpsychologen sehen darin einen Akt der Auflösung des Ichs und der Verschmelzung mit anderen Ichs. Manch einen beglückt dieser Vorgang, manch andere befremdet diese Erfahrung.

In unserer Psyche werden außerdem noch weitere Vorgänge wirksam. Einerseits identifizieren wir uns mit den musikalischen Bewegungen so als wären sie die Bewegungen der eigenen Seele – wie Freude oder Trauer. Andererseits tritt uns die Musik als große Projektionsfläche gegenüber, die all das kennt und versteht, was uns bewegt. Als Zuhörer erleben wir zwar diesen Vorgang jeder für sich und jeder je nach Charakter, Herkunft, musikalischer Vorbildung und auch nach Tagesform anders, aber in einem Konzertraum beispielsweise erleben alle Zuhörer diesen Vorgang gemeinsam.«[19]

Bezogen auf den Gesang als eine mögliche Form der musikalischen Äußerung heißt das: »Gesang ist eigentlich alles – bestimmt vom Ideal der menschlichen Stimme, weil einen Ton-Fluss jeder von uns in sich hat. [20] Tiefer kann der Mensch nicht Musik sein.

Mozart, der mit seiner Mutter auf dem Weg nach Paris ist, schreibt an seinen Vater: »Sie wissen, dass ich so zu sagen in der Musique stecke – dass ich den ganzen Tag damit umgehe...« Sie wissen...- das bedeutet, Sie sollten es wissen, Sie sollten es in seinem ganzen Umfang begreifen, Sie sollten zur Kenntnis nehmen, dass ich nicht mehr bereit bin, die Musik der Welt anzudienen und mich diesem Dienst zu opfern, sondern dass ich *in* der Musik lebe, *in* ihr, als der, der sich mit ihr in noch ganz andere Gefilde als die vertrauten, bekannten aufmachen wird.« [21] In der »musique« zu leben – dies schaffen die ganz Großen, wie Mozart, oder die ganz Kleinen, die Babies, besser als die vielen Erwachsenen.

Bei (Klein)kindern gibt es dafür eine neurologische Begründung: »Die Ausbildung der unterschiedlichen Musiksysteme beginnt wie die der Sprache im zweiten Lebensjahr, und ihre Vollkommenheit ist von der Intensität und Qualität der Ausbildung abhängig. Die Informationsaufnahme, -verarbeitung und -speicherung von Musik erfolgt normalerweise im rechten und linken Schläfenlappen. Wird schon frühzeitig mit einem intensiven Musiktraining begonnen, so lässt sich eine deutliche Vergrößerung im linken Schläfenlappen, vor allem in der Gegend der Sprachregion nachweisen. Auch der vordere Teil des Balkens scheint bei seit Kindheit aktiven Musikern vergrößert zu sein. In die kognitive Verarbeitung der musikalischen Wahrnehmungs- und Produktionsprozesse werden differenziert zahlreiche Hirnregionen einbezogen. Mittels Magnetencephalographie wurde gezeigt, dass musikalische Dissonanzen bzw. unerwartete Akkorde im Broca-Areal B verarbeitet werden, und zwar unabhängig von

---

19   Pancur, Andrea: Was passiert beim Musikhören – bei großen wie bei kleinen Menschen? Youtube 2013.

20   Münster, M. Graf Interview: 1.12.2011, Jahr der Kirchenmusik Teil 1, Frankfurt a. M 2011.

21   Ortheil, Hanns-Josef: Das Glück der Musik, München 2006.

der musikalischen Begabung der Versuchspersonen. Eventuell entstanden die Fähigkeiten zur Sprache und zur Musikalität zusammenhängend in der menschlichen Evolution. Eine Zwillingsstudie zeigte ferner unter Verwendung des *distorted tunes test (DTT)*, bei dem die Intervalle in einer bekannten Melodie verändert werden, dass das musikalische Gehör deutlich von den Genen bestimmt wird.

Eine neue Langzeitstudie an Grundschulen kam zu dem Ergebnis, dass eine betonte musikalische Erziehung bei Kindern zu einer höheren sozialen Kompetenz und weniger Konzentrationsdefiziten führt. Außerdem wurde ein Zusammenhang zwischen musikalischer Begabung und Intelligenz festgestellt: mit zunehmender Musikalität ebenso wie mit verstärkter Musikerziehung geht ein höherer IQ und höhere Leistungen auch in den anderen Schulfächern einher.[22]

Und wie ist es bei uns Erwachsenen? Wir können auf das Fundament der Kindheit bauen. Manch ein Opernbesucher erlebt seinen Flow. Wagnerianer zum Beispiel in Bayreuth oder überall dort, wo Wagners Musik zu hören und zu sehen ist; »Otto-Normal-Verbraucher« in Konzertsälen bei Chanson-Abenden, in der Diskothek, im Club, erlebte den Flow als tanzende Mänade bei den Dionysien.

Und es ist ganz gleich, ob es sich um Ernste – oder Unterhaltungs-Musik, um Rock, Klassik, Jazz oder Neue Musik handelt. Alles ist Musik, Ton, Rhythmus, Geräusch. Und es ist auch nicht so wichtig, ob ich die Musik höre oder sie selbst mache, wobei das Gemeinschaftserlebnis beim gemeinsamen Musizieren oder das Erspüren der Musik beim solistischen Spiel größer ist.

Norbert Imschloß, Besitzer der Weinstube, in dessen Biergarten sich im Jahr 2016 ein Syrer in Ansbach in die Luft sprengte und 15 Menschen verletzte, darunter vier schwer, erzählt:»Wenn es Dir schlecht geht, dann sing oder mach Musik. Also habe ich mich am Tag danach ans zersplitterte Fenster gesetzt und Akkordeon gespielt, während draußen Politiker und all die gewichtigen Leute Interviews gaben.«[23]

Musik als Tröster, Musik aber auch in der Funktion des »Weltbotschafters«. Dies wurde u.a. auch bei der Verleihung des Frankfurter Musikpreises, die im April 2017 zum ersten Mal in der Paulskirche in Frankfurt am Main stattfand – dem Ort, an dem die erste Nationalversammlung im Jahr 1848 tagte und dessen Preisträger diesmal David Garett war – betont: »Musik ist ein großes Universum. Er – David Garrett bringt mit seiner Musik Welten aus verschieden Genres zusammen. Er ist ein Botschafter der Musik.« Oder: » Musik gehört zum Leben« – oder: »Musik macht glücklich.« so das Motto des Deutschen Musikrates, dessen Vorsitzender in derselben Veranstaltung anmerkte: »Musik ist das große Ganze – Künstler, Musiker, Instrumentenbauer, Techniker, Besucher – wo findet man das? Auf der Musikmesse und dem Musikmesse Festival. Musikalische Begeisterung für die Musik. Musik gehört zum Leben« Motto des Deutsche Musikrat. (Gerhard A. Meinl, Vorsitzender BDMH, stellvertretender Stiftungs- und Kuratoriumsvorsitzender Frankfurter Musikpreis. Meine Ergänzung. Musik ist Leben.

Musik ist auch Sozialarbeit in anderer Form. Zum Beispiel beim Musikprojekt »Musiker ohne Grenzen« das Im Jahr 2005 in Ecuador ins Leben gerufen wurde und aus dem der Verein »Musiker ohne Grenzen« entstand. Ein Verein junger Musizierender mit dem Ziel, ein weltweites Netzwerk kreativer Musikpro-

....

22 Spektrum Akademischer Verlag, Heidelberg 2000.

23 Süddeutsche Zeitung, Magazin Nummer 4, München, Januar 2017.

jekte zu schaffen. Auf der Website ist folgendes zu lesen: Wir glauben an die Kraft der Musik. Wenn das Leben beeinflusst wird von häuslicher Gewalt von Korruption, von Hunger und unzureichender Sicherstellung menschlicher Grundbedürfnisse, kann Musik ein Motor sein, eine Welt zu schaffen, in der Grundbedürfnisse befriedigt werden und Lebensmut gefasst wird. Wir sind in diesem Buch auf der Spurensuche nach Momenten gelingender Beziehung

Weltumspannende Gemeinschaft – das ist der Weltmensch, das sind wir. Die Idee, eine Musikschule aufzubauen, kam von ihnen. Sie wollten dort schon lange Kindern und Jugendlichen in ihrer Freizeit etwas Kreatives, oder, wie es der Chef ausdrückte, Sinnvolles anbieten. Man muss sich nämlich vorstellen, dass es dort überhaupt keine Freizeitmöglichkeiten gab und viele Kinder und Jugendliche den ganzen Tag auf der Straße rumhingen oder sich in Banden organisierten. Das ist der Mensch. Musik als Freizeitbeschäftigung. »Musik schafft keinen Weltfrieden, doch baut sie Brücken zwischen Kulturen.«[24]

»Für mich ist das Leben eines einzigen Kindes mehr Wert als all meine Musik, aber inmitten des kriegerischen Wahnsinns (Gemeint war der I. Weltkrieg) verdanke ich es wohl vor allem meiner Musik, dass ich nicht verrückt wurde.«[25]

Im Anfang war das Wort – dann die Musik! Oder umgekehrt. Insofern hat Abraham Maslow, der als Begründer der humanistischen Psychologie gilt, mit seiner Bedürfnispyramide doch nicht Recht, weil er die sozialen und kulturellen Bedürfnisse in die oberste kleine Spitze der Selbstverwirklichung gesetzt und der Befriedigung der Grundbedürfnisse Vorrang eingeräumt hat. Dem widerspricht das starke fundamentale Bedürfnis nach Musik, wie aufgezeigt wurde; sonst würde der Mensch nicht schon über Jahrtausende Musik gemacht und gehört haben. Doch ist davon auszugehen, dass Maslow seine Bedürfnispyramide durchlässiger interpretiert haben wollte – insbesondere deswegen, weil man annimmt, dass sie nicht von ihm selbst so statisch entwickelt wurde. Dies hätte nämlich bedeutet, dass erst alle niederstufigen Bedürfnisse – Physiologische, Sicherheits-, Soziale – und Individuelle Bedürfnisse vollkommen erfüllt werden müssten, bevor die Selbstverwirklichung, also die Musik zum Zuge käme. Dieses Modell findet ja auch Verwendung im Bereich des Musik-Marketings; dann wird ein Bedürfnis zum Bedarf, denn nur, wenn ein Bedarf da ist, kann ein Angebot, hier das Musikangebot, Erfolg haben. Oder kreiert der Markt die Bedürfnisse? Wohl beides.

Jeder liebt Musik, doch nicht jeder findet die Musik, die er liebt. Da wir uns aber der Musik fast nicht entziehen können und wohl auch nicht wollen, sind wir in unserer Wach-Zeit häufig im Musikrausch. Gerade der deutschsprachig europäische Markt, der, historisch bedingt auf Kleinstaaterei, Fürstenhöfe und freie Reichsstädte zurückgeht und so über eine immense Zahl von Orchestern und Veranstaltungsorte verfügt, erleichtert uns den Zugang zur Musik – und das Schweben in den musi-

---

24 Warnke, Krista, Lievenbrück, Berthild, Momente gelingender Beziehung. Kapitel: Eigentlich geht es um Beides: Risikobereitschaft und Vertrauensvorschuss. Magdalena Adams »Musiker ohne Grenzen«. Beltz Verlag Basel/ Mannheim, 2015.

25 Casals, Pablo: Licht und Schatten auf einem langen Weg, Frankfurt am Main, 1995.

kalischen Sphären. Was wäre die Welt ohne die Komponisten, die Instrumentalisten, die Sängerinnen und Sänger, die Musik-Konsumenten, die Opern- und Bürgerhäuser und die Konzertsäle? Und ohne das Publikum?

Manch einer mag einwenden, es gibt Menschen, die keine Musik mögen. Ich antworte ihnen: Es gibt keinen Menschen, der keine Musik mag. Es gibt nur den traurigen Umstand, dass er seine Musik, die, die ihn in den Flow versetzt, noch nicht gefunden hat. Und umgekehrt: Dass ihn diese Musik noch nicht gefunden hat, da das Angebot an Melodien, Rhythmen, Geräuschen und Klängen so unermesslich groß ist. Wer nicht will, dass der »Musikfunke« überspringt, der muss sich – wie Odysseus bei den Sirenen – die Ohren verstopfen. Aber auch dann noch wird er durch die Schallwellen den Druck der Musik spüren. Und den Sprachklang von den Lippen ablesen. Entkommen kann ihr keiner. »We need to eat, we need to sleep – and we need music«!

Literaturverzeichnis

Canetti, Elias: Masse und Macht, S. Fischer Verlag, Frankfurt, Neueste Auflage.

Csikszentmihalyi, Mihaly, Flow: Das Geheimnis des Glücks. 18. Auflage, Klett-Cotta, Stuttgart 2015

Casals, Pablo: Licht und Schatten auf einem langen Weg. Erinnerungen Aufgezeichnet von Albert E. Kahn Fischer Verlag, Frankfurt am Main, Mai 1995.

Deutsche Orchestervereinigung (DOV) und Zentrum für Kulturforschung (Zfkf). Präsentation des 9. KulturBarometers am 20. Sept. 2011 deutsches Anwalts-Institut, Berlin.

diesseits.de. Das humanistische Magazin. Humanistisch.net. »Ist der Mensch das Maß aller Dinge.« A. ULFIG, 24. 10.2014

Enquete- Kommission, Schlussbericht 2007.

Enzyklopädie in 20 Bänden, Brockhaus, 17. Auflage, 12 Bände, Verlag F.A. Brockhaus Wiesbaden 1971.

Haberkorn, Sina: Neues Publikum für Kunst und Kultur gewinnen, VDM Verlag Dr. Müller, Hildesheim 2009.

Harari, Yuval Noah: Eine kurze Geschichte der Menschheit, Deutsche Verlagsanstalt München 2015.

Kant, Immanuel: Beantwortung der Frage: Was ist Aufklärung? In: Bahr, Erhard (Hrsg.): Was ist Aufklärung? Thesen und Definitionen. Stuttgart: Reclam, 2000, S. 9–17.

Katzansakis, Nikos: Alexis Sorbas, Rowohlt Taschenbuch Verlag, Hamburg 2005.

Lindlar, Heinrich: rororo Musikhandbuch 1. Musiklehre und Musikleben. Reinbek bei Hamburg, Neueste Auflage.

Münster, M. Graf: Interview: Hochgeladen am 1.12.2011, Jahr der Kirchenmusik Teil 1.

Ortheil, Hanns-Josef: Das Glück der Musik, Sammlung Luchterhand, München, 2006

MIZ (MusikInformationZentrum), Bonn 2017

Nietzsche, Friedrich: Die Geburt der Tragödie: Oder: Griechenthum und Pessimismus. Reclam Verlag, Stuttgart, 2007

Pancur, Andrea: Was passiert beim Musikhören – bei großen wie bei kleinen Menschen? Veröffentlicht: April 29, 2013. Abgelegt unter: Elementare Musikpädagogik, Intelligenter Musikunterricht, Musik für Kinder, München, Schlagwörter: musik hören : www youtube

Simon, Erika: Die Götter der Griechen. Hirmer-Verlag, München, 1980.

Spektrum Akademischer Verlag, Heidelberg 2000

Süddeutsche Zeitung, Magazin Nummer 4, München, Januar 2017.

Statistisches Jahrbuch der BRD, Berlin, Jahrgang 2007.

Symposium anlässlich des 70. Geburtstages von Dr. Bernd Deininger »Was ist der Mensch?« am 25. / 26.11.2016, Nürnberg 2016.

www.cultur-in-motion–2011.eu, Brüssel 2011.

ZEIT Wissen: Interview: Antweiler, Prof. Dr. Christoph, Hamburg, Nov. 2009.

»Schläft ein Lied in allen Dingen ...« –
In Resonanz und Personanz zeigt sich der Mensch

MARTIN EHL

Schläft ein Lied in allen Dingen,
Die da träumen fort und fort,
Und die Welt hebt an zu singen,
Triffst du nur das Zauberwort.

Joseph von Eichendorff, 1788–1857

In diesem Text lässt Joseph von Eichendorff seine Sicht auf zentrale Phänomene unseres Mensch-seins anklingen. Er bringt hier auf poetische Weise etwas zum Ausdruck, was sich mittels der uns vertrauten Wortsprache kaum ganz erfassen lässt. Öffnen wir uns aber dem Hintergründigen dieses Gedichtes, kann in uns ein Raum spürbar werden, der uns gleichzeitig vertraut und fremd erscheint.

Joseph von Eichendorff lebte in der ersten Hälfte des 19. Jahrhunderts . Er war Jurist und zeitlebens in höchsten Positionen im preußischen Staatsdienst tätig. So stand er als politischer Mensch wohl ganz auf dem Boden der realen weltlichen Tatsachen.

Gleichzeitig ist er einer unserer bekanntesten Lyriker und Prosaschriftsteller aus der Epoche der Romantik. Und, wie wir beim Hören des zitierten Gedichts erleben können, zeigen seine Texte eine unmittelbare Verbindung zu Rhythmus, Melodie und Klang. Er zählt zu den meist vertonten deutsch-sprachigen Dichtern; etwa 5000 Vertonungen sind von seinen Gedichten bekannt.[1]

Aber nicht nur von seiner musikalischen Form her kann uns dieses Gedicht ansprechen, es hat auch eine philosophisch-psychologische Botschaft. Eichendorff kann uns über seinen besonderen Zugang zum Erleben der inneren Welt hinführen zu unbewussten Fantasien aus der Urzeit des Lebens.

1   R. Safranski, Romantik. Eine deutsche Affäre. München 2007.

1. Gedanken zu Eichendorffs Text

Eichendorff trägt uns seine Gedanken in einer offenen Form vor, er lässt seine Aussagen in der Schwebe, als sei das, worum es da geht, nur zu erahnen: dass da etwas sei in allen Dingen, in allen Menschen, in der Welt, was er ein Lied nennt. Das klingt zunächst eher heiter, fast unterhaltsam. Aber das Lied schläft; und das kann befremdlich klingen, und lässt uns vielleicht rätseln, um was für ein Lied es sich handeln könnte.

Wir kennen heitere, lustige Lieder, Kinderlieder, festliche Lieder, Trinklieder; aber auch Sehnsuchtslieder, Abschiedslieder, Trauerlieder, und auch Kriegslieder.

Die Aussage im zweiten Vers, dass die Dinge träumen, ewig träumen, kann zunächst wie träumerisch gelassen wirken. Wir wissen aber, dass Träume sich nicht nur in Wunsch- und Sehnsuchtsbildern zeigen, sondern auch verwirrend sein können, rätselhaft, beängstigend und bedrohlich, ja sogar grausam, wie wir es in Albträumen erleben können.

Aus dieser Perspektive betrachtet, kann es durchaus tröstlich und beruhigend sein, wenn eine so widersprüchliche oder gar bedrohliche innere Welt in uns schläft und uns auf diese Weise in Ruhe lässt. Dann sind diese inneren Bilder für uns verborgen, verschüttet, vergessen, oder wie verwunschen in einem Zauberschlaf.

Könnte es sogar Ausdruck von gnädigem Vergessen sein, was uns den Zugang zu dieser inneren Welt versperrt, die etwas rätselhaft Unheimliches in sich tragen mag. Im Märchen vom Dornröschen ist es die zwölfte der weisen Frauen, die den tödlichen Fluch der dreizehnten zwar nicht beseitigt, so doch aber zu einem 100-jährigen Schlaf abmildert und auf diese Weise die mörderische Wut des Gekränktseins in den Nebel des Unbewussten schickt und oberflächlich aushaltbar werden lässt. Könnte der Kern dieses Märchens ein Hinweis sein auf unsere innere Fantasiewelt? Enthalten die in uns schlafenden unbewussten Fantasien neben Bildern von Verschmelzung und Geborgenheit auch solche von schmerzlicher Verletzung und Getrenntheit, und von ohnmächtiger Zerstörungswut? Auch wenn sie uns oft nicht bewusst sind, können diese Fantasien wie ein tief in uns verborgener Brunnen unserem Leben innere Beglückung und Vitalität verleihen, aber auch Angst und Schrecken über uns ausgießen.

Was aber geschieht, wenn diese Fantasien aus dem Nebel des Schlafs auftauchen und in unser Bewusstsein gelangen? Sind wir ihnen gewachsen? Offenbar braucht es ein Zauberwort, um uns der Dramatik dieser inneren Welt der Fantasien zu stellen. Nur ein Zauberwort vermag die in uns verborgene unbewusste Lebensgeschichte in einer solchen Weise zur Resonanz zu bringen, dass sie zu einem Singen wird, zu unserer wahren Lebensmelodie, die unsere äußere Fassade, unsere Maske, unsere Persona durchdringt, um etwas von unserem Wesenskern nach draußen deutlich werden zu lassen.

Persona ist das lateinische Wort für die Maske des Schauspielers, aus der er mit seiner Botschaft und mit seinem Wesen hinauszutönen versucht – personare – . So vermögen auch wir im Singen und Musizieren etwas von unserer unbewussten Lebensgeschichte in verschlüsselter Form aus uns heraustönen zu lassen.

2. Auf dem Weg zu musikalischem Erleben und Gestalten

Könnten diese Fantasien, die Eichendorff in seinem Gedicht so eindrucksvoll anklingen lässt, im Zusammenhang stehen mit menschlichen Entwicklungen zu einem Homo musicus im weitesten Sinne, einem Klangwesen, so wie sie in der modernen Säuglingsforschung und in psychoanalytischen Behandlungen entdeckt werden?

2a. Die vorgeburtliche Welt

Das Leben beginnt in einem tiefen Schlaf, geborgen in der Hülle des Mutterleibes und versorgt mit allem, was das winzige sich entwickelnde Wesen braucht.

Aber bereits im zweiten Schwangerschaftsmonat entwickeln sich im Embryo erste Sinnesqualitäten: zunächst der Tastsinn, mit dem Berührungen gefühlt werden können, erst in der Mundregion, dann nach und nach sich auf den gesamten Körper ausbreitend.

Ab dem vierten Schwangerschaftsmonat kann der Fötus mit dem Gleichgewichtsorgan seine Lage im Raum wahrnehmen, und kurz darauf kann er auch hören. Dabei ist bemerkenswert, dass alle diese drei Sinne, Gehör, Lage- und Gleichgewichtssinn, mit ihren Rezeptoren im Innenohr angesiedelt sind. Und weil hier Hörschnecke und Bogengänge über die Endolymph-Flüssigkeit miteinander verbunden sind, führt jede Schallempfindung zu einer Mitreaktion des Gleichgewichtsorgans und lässt dann schließlich auch den vierten Sinn, den Bewegungssinn, der in Muskeln und Sehnen verortet ist, mitschwingen. So reagieren nach der Geburt bereits kleinste Kinder auf das Hören rhythmischer Klänge mit einem unbewussten, quasi automatischen Einsetzen von tanzähnlichen Bewegungsimpulsen.

In dieser örtlichen und neuronalen Verbindung von Sinnesorganen kann gleichzeitig der Beginn der Fähigkeit zur transmodalen Wahrnehmung gesehen werden: Damit meine ich das Erleben einer Sinnesempfindung auch mit weiteren Begleitsinnen.

Die vier Sinne Hören sowie Tast-, Lage- und Bewegungssinne stellen von der Mitte der Schwangerschaft an bis zum fünften Lebensmonat nach der Geburt die vorrangigen Wahrnehmungssinne dar. Erst danach übernimmt das Sehen die Führung.

Wenn wir uns also bewusst machen, über welch langen Zeitraum dieser Wahrnehmungskomplex das Fühlen des Kindes in vor- und nachgeburtlicher Zeit vorrangig bestimmt, können wir vielleicht ermessen, welch große Bedeutung Resonanzerfahrungen von Rhythmen und Klängen auch für die frühesten Entwicklungsprozesse von Affekten und Fantasien besitzen.

Hörsinn und Affektsystem sind sich sehr nahe, sowohl in der Art, wie wir sie im Zeitverlauf wahrnehmen, als auch hinsichtlich der Lokalisation tief in unserem Inneren. So können wir uns dem Hörempfinden und dem Affekterleben kaum wirklich entziehen. Deshalb reagiert unser Organismus auf Reize in diesen beiden Systemen auch so unmittelbar und mit spontaner Bezugnahme auf ein Gegenüber, wohl in der Vorstellung, der Auslöser für die eigene Wahrnehmung liege im anderen und erfordere eine Reaktion, die ihm antwortet. Hinsichtlich des Hörens spricht man von der »rezeptiv-produktiven

Zweideutigkeit«: Wir empfinden Klänge und machen sie. Wir singen einen Ton, und sind gleichzeitig auch selbst Ton. Wenn wir einen Rhythmus erleben, gerät unser Körper unwillkürlichen in Bewegung. Und wenn wir uns einer Melodie ganzheitlich öffnen, kann unser Körper spontan eine Bewegung vollführen.

Ähnlich ist es mit den Affekten: Der Affekt, den wir empfinden, den strahlen wir gleichzeitig auch aus, – wenn wir uns nicht sehr bezähmen.

Und so ist es von Anbeginn des Lebens: Hören und Tönen, Affekte Empfinden und Ausstrahlen haben in der Regel interaktive Bedeutungen und Funktionen.[2]

Bevor aber wirklich erste Empfindungen von Beziehung auftauchen, liegt das werdende Wesen im Mutterleib in einem Flüssigkeitsraum, in dem es zunächst lediglich über Tastempfindungen Resonanzerfahrungen machen kann: Von Körpergeräuschen unmittelbar, aber auch von außerhalb der Mutter stammend, gelangen sie über Schallwellen im intrauterinen Flüssigkeitsraum zu den Tastrezeptoren in der Haut des Embryos. Diese frühesten unbewussten Resonanzerfahrungen entsprechen wohl am ehesten dem, was Freud das »ozeanische Gefühl«[3] nannte, worin er gleichzeitig das affektive Mitempfinden von paradiesischer primärnarzisstischer Selbstbezogenheit und Grenzenlosigkeitsfantasien einschloss.

Mit dem Beginn des Hörvermögens wird dann die Wahrnehmung von Rhythmen, Geräuschen und Klängen differenzierter: Der regelmäßige Doppelton des Herzschlags der Mutter vermittelt als erster so etwas wie Zuverlässigkeit, Halt und Sicherheit. Hingegen kann die Stimme der Mutter mit ihrer Eigenständigkeit schon als erstes abgegrenztes Klangobjekt wahrgenommen werden und das Ungeborene über Anwesenheit und Abwesenheit der Mutterstimme mit ersten Trennungserfahrungen konfrontieren.[4]

Noch differenzierter kann der Fötus aber auf die musikalische Struktur des Klangangebots selbst reagieren. So kann das Einwirken von Klängen klassischer Musik auf die Schwangere, z.B. von Komponisten wie Bach oder Mozart, das Ungeborene durchaus beruhigen; Kompositionen von Beethoven oder Brahms werden dagegen eher zu Unruhe beitragen, nachweisbar z.B. über Bewegungsimpulse des Foeten oder Veränderung der Pulsfrequenz.

Solche unterschiedlichen Reaktionen kann aber natürlich auch die Stimme der Mutter selbst auslösen mit ihrer feinst differenzierten Klangstruktur, in der Stimmungsschwankungen repräsentiert sind und für das Ungeborene spürbar werden. So kann das Ungeborene belebende, zärtliche, gar euphorische Stimmungen der Mutter in sich aufnehmen, ebenso aber auch Monotonie und Depressivität.

2   C. Böhme-Bloem, Musik als Wegbereiterin der Kreativität. In: J. Picht (Hg.), Musik und Psychoanalyse hören voneinander, Band 1. Gießen 2013.

3   S. Freud, Die Zukunft einer Illusion GW, Bd.14, S. 319, Frankfurt 1927c.

4   S. Maiello, Das Klangobjekt. Über den pränatalen Ursprung auditiver Gedächtnisspuren. Psyche – Z Psychoanal 53, S. 137–157, 1999.

Die akustische Kontur der Stimme wird aber auch Spannung, Angst und Zorn vermitteln und den intrauterinen Raum der Laute mit destruktiven und desintegrierenden Kräften überfluten können. So kann die Anwesenheit der mütterlichen Stimme dem Ungeborenen nicht nur Halt und Beruhigung vermitteln und ihr Fehlen schmerzliche Verlustgefühle und Sehnsucht auslösen. Vielmehr kann die machtvolle durch die Mutterstimme auslösbare archaische Resonanz auch zu Gefühlen des Bemächtigt- und Bedrohtseins führen, vor denen es wie in einem Gefängnis kein Entrinnen zu geben scheint.

Der Begriff des vorgeburtlichen »Sirenenstadiums« drückt aus, wie sehr das Ungeborene sich dieser Stimme ausgeliefert fühlen kann, die nicht nur zu »betören«, sondern auch zu erdrücken in der Lage ist.

In dieser Phase, die vielfach als primärnarzisstisch und bezüglich seiner Umgebung unbezogen aufgefasst wurde, sieht man heute eher ein primäres Überflutetsein durch das Erleben des Umgebungsraums, eine sogenannte »archaische«, noch ganz undifferenzierte Bezogenheit.[5] Hierzu scheint Freuds Begriff des ozeanischen Gefühls wiederum gut zu passen.

So versuchen Menschen sich das Betörende dieser archaischen Erfahrung später mit dem Hören verführerischer, rauschhafter Klänge zurückzuholen; oder sie sind Persönlichkeiten, die aus dieser primärnarzisstischen Erfahrung vor harten und lauten Tönen eher zurückschrecken.

2b. Der erste Schrei und die Entwicklung zur Autonomie

Erst mit dem dramatischen Geburtsschritt aus der Mutterhöhle in die äußere Wirklichkeit erlebt das Neugeborene einen massiven Einbruch, die Zerstörung der vorgeburtlichen Fantasiewelt, gleichzeitig im ersten Schrei aber auch seine eigene Stimme und damit den ersten Schritt in Richtung Autonomie. Neben dem physiologisch bedeutsamen Prozess der Lungen- und Vitalitätsentfaltung können in diesem Schrei auch Protest und Verlangen, Aggression und Sehnsucht unüberhörbar zum Ausdruck kommen. Die erste Konfrontation des Babys mit der realen Außenwelt kann so erschreckend sein, dass es das Unaushaltbare dieser Erfahrung in seinem Schreien psychisch aus sich ausscheiden muss, um es los zu werden.

In der Regel wird dieser verzweiflungsvolle Affekt von der Mutter gehört, selbst erlebt und in sich aufgenommen, um verstehend und beruhigend darauf einzugehen, mit beruhigender Stimme. Denn bevor das Kind durch die Brust gestillt wird, erfährt es ein Stillen durch körperliche und stimmliche Berührung.

Die Stimme ist die Erfahrung, die das Kind in beiden Welten erlebt, im Mutterleib und dann wieder, nach seiner großen Reise, in der Außenwelt. Es kann sich an manche Klänge, die es intrauterin gehört hat, wohl wieder ganz diffus erinnern und so schließlich auch in der realen rauen Wirklichkeit etwas spüren von dem vorgeburtlichen Aufgehobensein im ozeanischen Gefühl. Viele Eltern machen die

....

5   S. Leikert, Die Stimme, Transformation und Insistenz des archaischen Objekts – Die kinetische Semantik. Psyche – Z Psychoanal 61, S. 463–492. 2007

73

Erfahrung, dass speziell die Spieluhr-Klänge, die das Kind während der Schwangerschaft durch den Bauch der Mutter hören konnte, nach der Geburt bevorzugt werden unter einem Angebot verschiedener Klänge. Im Wesentlichen sind es aber die Klänge, die ihre Quelle im Mutterleib selbst haben, insbesondere die des Herzschlages und der Stimme.

Wenn Sie einmal erlebt haben, wie ein Baby auf Sie reagiert, wenn Sie ihm etwas vorsingen, wie es staunt und fast ungläubig auf Ihren Mund starrt und nicht fassen kann, was da Ihrem Mund entströmt, dann können Sie sich vielleicht vorstellen, dass der Klang der Stimme etwas sein kann, das das Baby emotional in das Erleben der jenseitigen Welt, in der es einmal gewesen ist, versetzen kann.

Dabei kann das Hören der Stimme immer beides bewirken, Beruhigung in Erinnerung an das Gefühl von Geborgenheit, aber auch Angst und Schmerz im Erleben von Fremdheit und Bedrohlichkeit sowohl damals im Mutterleib als auch später in der rauen Wirklichkeit.

2c. Identifikation mit der verlorenen archaischen Mutterstimme, Entwicklung von Beziehung und Beginn von Symbolisierung

Ist das Baby nun auf diese Welt gekommen, braucht es neben einer optimalen körperlichen Versorgung auch eine einfühlsame seelische Affektabstimmung. Diese geschieht zunächst immer rein körperlich, ohne symbolische Bedeutung. Die Spannung, die die Mutter von ihrem Baby über körperliche Resonanzen empfängt, lindert sie auch für sich selbst, indem sie ihr Baby beruhigt und stillt. Diese Kommunikation findet aber gleichzeitig auch über stimmliche Äußerungen statt, die damit zur wesentlichen Grundlage späteren kommunikativen Verhaltens werden und schließlich auch zur späteren wortsprachlichen Dialogfähigkeit führen. Zunächst sind diese Kommunikationen aber musikalischer Natur: Es sind oft längere wie »gesungene Gespräche«, deren Klangstruktur durch Imitation, Variation oder An- und Abschwellen moduliert wird. Dabei erzeugt die Stimme im Gegenüber eine Resonanz, aus der sich ein akustischer Ausdruck, ein Ton entwickelt, der dann zu ihr zurückgelangt. Das Erleben in diesen beiden sich antwortenden Klangkörpern scheint emotional so erfüllend zu sein, dass sich dabei die Bindung zwischen Subjekt und Objekt vertieft. Diese stimmliche Beziehungserfahrung wird transmodal von der resonanzbedingten Körperspannung über Spannung der Stimmbänder in akustische Signale umgesetzt. Über den nachahmenden Charakter dieser Interaktion wird schließlich so etwas wie Bedeutung erlebt, eine erste sogenannte »nachahmende Symbolisierung«.

Die Psychoanalytikerin Böhme-Bloem[6] hat beispielhaft eine solche »Urszene der Symbolbildung« beschrieben: Ein Kleinkind von 9 Monaten liegt auf dem Teppich und schiebt mit aller Kraft einen schweren Bauklotz. Die Mutter, sich in dieses Spiel einfühlend, weiß intuitiv, dass es für das schon reifere Kind zu langweilig wäre, wenn ihr Mitspielen nur im reinen Nachmachen seiner Aktion bestehen würde. Sie mutet ihm eine Veränderung zu und tönt zu der Anstrengung des Schiebens ein langgezo-

6   C. Böhme-Bloem, Musik als Wegbereiterin der Kreativität. In: J. Picht (Hg.), Musik und Psychoanalyse hören voneinander, Band 1, Gießen 2013.

genes »Uuh«. Das Kind hört diesen Laut der Mutter, blickt kurz auf, und schiebt weiter. Der Laut passt, der sensomotorische Affekt im Kind scheint gut abgestimmt.[7]

Die Mutter hat offenbar den in dem Schiebevorgang des Kindes entstandenen Spannungsaffekt in sich aufgenommen, seelisch verdaut, verdichtet und transmodal auf ihren Stimm- Klang verschoben. Das Kind in diesem Beispiel ist reif genug, um das Gemeinsame und das Unterschiedliche im Laut-Kommentar der Mutter wahrzunehmen und als Vorform eines Symbols zu erleben. Böhme-Bloem spricht auf ihre Weise aus, was das Kind denken könnte: »Du machst Musik zu meinem Schieben, wir sind ein Ensemble.« Könnte dieser Symbolisierungsvorgang etwas sein, was Eichendorff mit dem »Zauberwort« meint? Wenn das Kind ergänzen könnte: »Du zauberst aus meinem unbewussten Affekt einen bewussten laut hörbaren Ausdruck.«

2d. Entwicklung musikalisch-kreativer Fähigkeiten

Wenn aus einer solchen Spiel-Szene die mitspielende Stimme ein vokales Symbol in Form eines Klangs entstehen lässt, kann das als eine Urform der Musikausübung betrachtet werden. Als Folge dieser Erfahrung wird das Kind dann bald selbst die Stimme der Mutter nachahmen und dabei unbewusst etwas von der vorgeburtlichen Mutterstimme wiedererleben . Die unbewusste Identifikation mit der frühen archaischen Mutterstimme kann dabei die Funktion haben, frühe Verlusterfahrungen zu verarbeiten, indem in der Fantasie die verlorene Mutterstimme unbewusst mittels der eigenen Stimme wiedererschaffen wird.

Dabei ist der Singende gleichzeitig auch der die eigene Stimme Hörende, er ist aktiv singendes und passiv hörendes Subjekt gleichzeitig.

Dieses Erleben lässt sich nun auch auf das Spielen eines Musikinstruments übertragen. Dabei kann sich der Spieler so mit seinem Instrument identifizieren, dass er sich gleichzeitig als Spielender und als Hörender erlebt.

Dabei hat der künstlerische Prozess Verbindung zu frühesten unbewussten Interaktionsszenen und der Spannung zwischen zwei Entwicklungsmöglichkeiten: Entweder verbleibt die kindliche Fantasie in der Illusion eines ewigen mütterlichen Verbundenseins und omnipotent schöpferischer Fähigkeiten, oder sie erfährt im Prozess der Desillusionierung die Unvermeidlichkeit schmerzlicher Trennungserfahrungen. Dieser doppelgesichtige intermediäre Erfahrungsraum bleibt lebenslang erhalten, als wirksame kreative Keimzelle. Von ihr aus kann sich entweder eine Kunst entwickeln, die nach der Wahrheit der depressiven Position sucht mit ihrer Bereitschaft, Verlust zu ertragen; oder eine Kunst, die der Flucht vor der unbewussten schmerzlichen Lebensgeschichte dient. Diese hält dann im Sinne von Freuds »halluzinatorischer Wunscherfüllung« an der Illusion fest, aus beängstigenden Trennungserfahrungen schlussendlich doch den Weg zu einer Erlösungsfantasie zu finden.[8]

....

7   D. Stoupel, Die Bedeutung des präsentativen Symbols für die Musik. In: J. Picht (Hg.), Musik und Psychoanalyse hören voneinander, Band 1. Gießen 2013.

8   R. Britton, Glaube, Phantasie und Psychische Realität. Stuttgart 1998, 2001.

Dabei kann das künstlerische Wiedererschaffen der archaischen Mutterstimme einerseits den früheren Verlust tröstlich mildern, gleichzeitig aber auch schmerzlich bewusst machen.

2e. Körperlich-sinnliche Symbolisierungen in der Vorstellung von Subjekt-Objekt-Synchronisierung

Musik mit ihren unterschiedlichen Formen von Symbolisierung kann das Widersprüchliche frühester Lebenserfahrungen in eine musikalische Form bringen, die uns im ersten Hören selten direkt verständlich wird. So können in einer sehr berührenden und trösten wollenden Kantate von J. S. Bach (BWV 127) die Staccato-Klänge der Flöten und das Pizzicato der Streicher auf der bewussten Ebene als Sterbeglocken verstanden werden, wie der Text der Arie es ausdrücklich sagt. Überlässt man sich aber eher dem unbewussten Mitträumen dieser Musik, kann man sich wie in einem absolut zuverlässigen Rhythmus, wie im Rhythmus des Herzschlages, geborgen fühlen; als ob uns diese Sterbearie zurückführe in das Aufgehobensein an unserem Lebensbeginn; im Text wörtlich ausgedrückt als Aufgenommensein in Jesu Händen (»Die Seele ruht in Jesu Händen«).

Dass Bach sich in dieser Kantate aus christlicher Position das Einbrechen der Ewigkeit dann aber sehr dramatisch und traumatisch vorstellt, bringt er zum Ausdruck mit diesem Rezitativ-Text: »Wenn einstens die Posaunen schallen und wenn der Bau der Welt nebst denen HimmelsVesten zerschmettert wird zerfallen..« Und er verstärkt ihn mit einer Musik aus schmetternden Trompeten und rasenden Orchester-Tutti.

Ich denke, nicht von ungefähr kann man hier eine Verbindung ziehen zu dem von einem kleinen Wesen schmerzlich erlebten Schritt von einer Welt in die andere, nämlich im Geburtsakt.

So können die widersprüchlichen, Geborgenheit, aber auch Bedrohung beinhaltenden pränatalen Erfahrungen durch das Trauma des Geburtsaktes in der Fantasie wiederbelebt und sogar intensiviert werden und zu Todesangst und mörderischen Fantasien beitragen. Die Spaltung des Mutter-Bildes in gut und böse ist ein erster Versuch, das unerträglich Widersprüchliche zu ordnen und erst im weiteren Reifungsprozess wieder zusammenzusetzen zu einer ganzen, ambivalent erlebten Person. Erst dann kann in der Fantasie der Hass auf die bedrohlich erlebte Bezugsperson bedauert und das, was verlorengegangen ist, betrauert werden. Erst dann kann diese Beziehung verinnerlicht und zu einem Symbol in uns werden. Diese Schaffung von Symbolen, z.B. die Herausarbeitung eines Themas, sei es in Dichtung, Bildender Kunst oder Musik, macht nach Hanna Segal das Wesen der Kunst aus. Und Freud meinte dazu, dass bei diesem Prozess die psychische Verfassung des Künstlers, die den Impuls zum künstlerischen Schaffen abgebe, auch bei uns, den Rezipienten, Empfindungen in vergleichbarer Weise mobilisieren könne.[9]

Hanna Segal beschreibt diesen künstlerischen Prozess eindrucksvoll mit folgenden Worten: Im künstlerischen Gestaltungsprozess werden »die unbewussten Erinnerungen an eine harmonische innere Welt und (die) Erfahrung ihrer Zerstörung« bis hin zu Wünschen nach Wiedergutmachung des Zer-

---

9   S. Freud, Der Dichter und das Fantasieren. GW, S. 213–223. Frankfurt 1908e.

störten und Verlorenen wiederbelebt. Dabei entstehe der kreative Impuls auf der Basis eines Wunsches, sich den lebenslang in unserem Inneren verborgenen Zerstörungen zu stellen und dann die anstrengende und manchmal quälende Wiederherstellungsarbeit zu leisten.[10]

Wie sehr diese unbewusste psychische Arbeit eines Komponisten an seine menschlichen Grenzen gehen kann, bringt Robert Schumann über sein Erleben beim Komponieren von Liedern in ergreifende Worte: »Lange freilich dürfte ich diese Aufregung nicht tragen. Nun, dann bin ich mir bewusst, gewirkt zu haben, was in so kurzer Zeit möglich war.«[11]

Der Musiker kann also dadurch, dass er eigene schmerzliche Erfahrungen in einer künstlerischen Form präsentiert, in den Hörern etwas von deren Verlusterfahrungen und Ängsten in Resonanz bringen und in dieser Neuvertonung seelisches Leiden erträglicher machen. Etwas von diesem Prozess möchte ich an folgendem Beispiel nachvollziehbar werden lassen.

Der französische Komponist Olivier Messiaen – er lebte von 1908 bis 1992 – komponierte in den Kriegsjahren 1940/41 das »Quatuor pour la fin du Temps«, das »Quartett für das Ende der Zeit«. Es ist ein für die Moderne zentrales Stück, indem es bereits damals mit der Auflösung vertrauter kompositorischer Zeitstrukturen auf unsere heutige Zeit der Flüchtigen Moderne verweist. Diese für unsere heutigen Ohren immer noch recht modern klingende Musik kann uns m.E. etwas erleben lassen von einer Auflösung zeitlicher Geordnetheit und in unserem Inneren etwas anklingen lassen von der ursprünglichen Zeitlosigkeit zu Beginn unseres Lebens.

Zum 3. Satz dieses Quartetts, für Klarinette solo geschrieben, mit dem Titel »Abime des Oiseaux (Abgrund der Vögel)«, schreibt Messiaen: »Der Abgrund, das ist die Zeit mit ihren Traurigkeiten und Mühseligkeiten. Die Vögel sind das Gegenteil. Sie sind unser Wunsch nach Licht, nach Sternen, Regenbögen und jubelnden Gesängen!« Dieses klare Kompositionskonzept setzt Messiaen mittels einer archaischen, ganz körperlich erlebbaren sinnlich-szenischen Symbolik um: Wir hören zu Beginn ein samtweiches Anschwellen der Klarinettenstimme, das sich erst unmerklich, dann bedrohlich steigernd in ein schrilles Schreien des Instruments wandelt, das geradezu stechend in uns einzudringen vermag. Erst dann wird es abgelöst von einer Vogelstimmen nachahmenden Figur, die etwas Befremdliches hat; als ob die auf das Verzweiflungserleben folgende Wuncherfüllung aus einer fremden Welt stammt.

Messiaen war im Juni 1940 als Sanitätssoldat von den Deutschen gefangen genommen worden. Noch bei Nancy, in deutscher Gefangenschaft, begann er mit seiner Komposition. Das Klarinettenstück spielte damals ein mitgefangener Klarinettist, ein aus Algerien stammender Jude, zum ersten Mal draußen auf einem Feld bei Nancy. Nach der Deportation der Gefangenen in ein Lager bei Görlitz, in dem Menschen erfroren, verhungerten und erschossen wurden, machte ein deutscher Offizier es Messiaen möglich, seine Komposition zu vervollständigen. Während in dem Lager mit 30.000 Franzo-

10 H. Segal, Wahnvorstellungen und künstlerische Kreativität. Stuttgart 1981, 1992.

11 J. W. von Wasielewski, Robert Schumann. Eine Biographie. S. 282. Dresden 1906.

sen und Polen Hunger, Kälte von minus 15 Grad, Zwangsarbeit und Krankheiten herrschten, wurde in einer Baracke am Abend des 15. Januar 1941 das Quartett uraufgeführt.

Nach Augenzeugenberichten war die Baracke mit 400 Gefangenen und Aufsehern bis auf den letzten Platz gefüllt. Die Menschen hörten meist befremdet, aber sehr aufmerksam zu. Nach den Aufführungen, die mehrfach wiederholt wurden, suchten viele Gefangene Messiaens Nähe, standen in der Kälte Schlange, um mit ihm sprechen zu können. Die Konzerte schienen auch zum Lagerfrieden beizutragen.

Der im Quartett mitspielende Cellist berichtete später: »Die Erwartung der Gefangenen war groß. Alle wollten kommen, uns zu hören, auch die Lagerleitung. Alle Plätze waren besetzt, etwa 400, und man lauschte andächtig, in großer Verinnerlichung, einschließlich derer, welche Kammermusik vielleicht zum ersten Mal hörten. Es war wundersam ...«

Offenbar hatte Messiaen seine eigene Verzweiflung so in seine innere Welt aufnehmen und in eine Form von Klängen bringen können, dass die von Krieg und Vernichtung verstörten Zuhörer sich mit seiner Musik in ihrem Leid angenommen fühlten ...

Was ist das für eine Musik, die Menschen in großer Verzweiflung ansprechen kann? Wenn die Welt zu zerbrechen droht und wir Zerstörungen ausgeliefert sind, könnte nur schöne, gar heitere Musik wie blanker Hohn sein. Messiaen mutet dem Hörer einiges zu, wenn er in dieser Musik nichts beschönigt und keine Illusion aufbaut, um damit zu trösten. Er kann aber mit seiner von Brüchen und Abgründen gezeichneten Komposition dem Verzweifelten ein verstehendes Gegenüber sein und ihm damit so etwas wie Halt bieten. Vielleicht lässt er ihm damit sogar eine Ahnung von Hoffnung zuteilwerden.

2f. Entwicklung diskursiver Symbolisierung auf der Basis von Subjekt-Objekt-Trennungsvorstellung

Während Messiaen mit seinem »Zauberwort« – um damit Eichendorff zu zitieren – an unseren seelischen Abwehrschranken rüttelt und uns in unseren inneren Tiefen und Abgründen anzurühren vermag, sprechen die beiden im Rahmenprogramm des Symposions dargebotenen Klarinettenquintette von Mozart und Brahms eine ganz andere Sprache; sind sie doch in ihrer Struktur noch stärker dem Geist der Aufklärung verhaftet mit der Suche nach Sicherheit im denkenden Ich.

So sind Mozarts Kompositionen ursprünglich noch ganz von der Klarheit des Barock geprägt, die seiner Musik später dann mit Strukturen der Klassik ein oft glänzendes Äußeres geben. Innerlich können darunter aber durchaus heftige Widersprüche brodeln: Denn der Mensch Mozart ist als Wunderkind zwar lange Zeit Liebling von Kaisern, Königen und Fürsten, gleichzeitig unterliegt er aber einem enormem Anpassungsdruck, um sich dieses Privileg und natürlich auch die Liebe seines Vaters nicht zu verscherzen. Mit seinem Rebellentum bringt er seine anerkannte Position dann später aber doch in Gefahr und reagiert innerlich mit quälenden Schuldgefühlen. Den ursprünglich äußerlich so heiter Quirligen, der eigentlich immer ein Kind bleiben wollte, zwingen seine inneren Widersprüche ab seinem 30. Lebensjahr zu schmerzlichen innerpsychischen und zwischenmenschlichen Auseinandersetzungen. Dadurch kann es nun aber zu einer Milderung seiner Schuldgefühle und zu einer Milde sich selbst und anderen gegenüber kommen. La Clemenza di Tito, die Milde des Titus, als vorletzte Oper Mozarts drei Monate vor seinem Tod uraufgeführt, kann im übertragenen Sinne vielleicht wie ein gnädiger Rückblick Mozarts auf sein Leben gesehen werden, das er schon zu Ende gehen spürt. Die Faszination an dem warmen und der menschlichen Stimme besonders ähnlichen Ton der Klarinette packt Mozart nun in seinen letzten zwei Lebensjahren in besonderem Maße. Die Komposition des Klarinettenquintetts und des Klarinettenkonzerts sowie zwei Arien mit Soloklarinette in der Oper Titus fallen in diese Zeit von Mozarts Lebensabend.[12] Sie verbreiten mit einer herbstlich-ruhigen Färbung eine oft melancholische, aber auch versöhnliche Stimmung.

Im Klarinettenquintett kann vor allem der 2.Satz sehr zu Herzen gehen mit einem tief berührenden Gesang der Klarinette, vom Chor des Streichquartetts umfangen. Später gesellt sich die Geige zu einem Zwiegesang dazu. Auch der tänzerische 3.Satz kann Innigkeit und auch eine Spur Melancholie nicht verleugnen. Das Stück schließt mit einem Variationensatz, in dem sich nun alle Instrumente gleichberechtigt zusammenfinden, um nach einem nachdenklichen Innehalten dann im Allegro alle Melancholie abzuschütteln.

Johannes Brahms ist 57 Jahre, als er bekannt gibt, mit seinem 2. Streichquintett nun sein letztes Werk geschrieben zu haben. Als er aber mit Mozarts Klarinettenquintett konfrontiert wird, revidiert er seinen Entschluss und stürzt sich in das Komponieren von Stücken mit diesem damals oft noch fremdartigen, zwischen dunkel und glühend changierenden Klang der Klarinette.[13]

Johannes Brahms wurde als 20-Jähriger von Robert Schumann als Genie der Zukunft mit einer Musik von dämonischer Natur gefeiert, bald darauf aber von Musikern der Neudeutschen Schule um Liszt und Wagner als Konservativist und Epigon abgewertet. Erst Arnold Schönberg korrigiert dieses Bild mit seinem Vortrag »Brahms, der Fortschrittliche«. Und erst in den 70-er Jahren des 20. Jahrhunderts beginnt mit dem Interesse an der Zweiten Wiener Schule ein neues Verständnis für Brahms' Musik aufzublühen. Vielleicht beruht die jahrzehntelange Abwertung der Werke von Schumann und auch von Brahms darauf, dass sie in ihren Strukturen Widersprüchliches und Destruktives weniger verbergen als Komponisten der Neudeutschen Schule, die Konflikte und Brüche eher zu glätten und zu beschönigen suchten. Brahms spricht davon, dass jede wahre kompositorische Inspiration dem Raum des Unbewussten entstamme, und der Akt des Komponierens aus einer Halbtrance komme, in der das »bewusste Denken vorübergehend herrenlos sei.«[14]

So lässt er populäre Volkslieder und Czardasz-Melodien durch sich hindurchfließen, um sie zu liedhaft-archaischen Themen werden zu lassen und dann komplex und manchmal schwer verständlich zu gestalten.

Brahms Klarinettenquintett beginnt mit einem fast tragisch-traurigen Klangraum der Streichinstrumente, aus dem geradezu erlösend die aufsteigende Stimme der Klarinette erblüht. Der zweite Satz

12 B. Oberhoff, Mozart. Eine musikpsychoanalytische Studie. Gießen 2008.

13 K. Höcker, Johannes Brahms, Begegnung mit dem Menschen. München 1986.

14 B. Oberhoff, Mozart. Eine musikpsychoanalytische Studie. Gießen 2008.

vermittelt zunächst eine sehr ruhige fast mozartisch gelöste Atmosphäre. Dann setzt der faszinierende Mittelteil ein mit einer melancholisch-ungaresken Melodie, über die der berühmte Musikkritiker Hanslick schrieb: »Das ganze Stück ist wie in dunkles Abendrot getaucht; … es dürfte das Bild eines jungen Hirten auftauchen, der in der Einsamkeit einer ungarischen Ebene schwermütig seine Schalmei bläst.« Der dritte Satz hat für mich etwas von der Bewegtheit in Mozarts 3. Satz. Aber auch Brahms schreibt »con sentimento« in die Spielanweisung. Das Quintett endet, ebenso wie bei Mozart, mit einem Variationensatz und führt, nach Darstellung einer Fülle unterschiedlicher Sichtweisen, zum h-moll-Thema des Anfangs zurück.

Schlussbemerkung

In meinen Ausführungen habe ich versucht, darzustellen, mit welchen psychoanalytischen Konzepten ich die Grundlegung von Musikalität in die früheste pränatale und postnatale Lebenszeit verorte. Hier folgen auf die Entwicklung erster noch ganz archaischer körperlich-sinnlicher Symbolisierungen dann zunehmend mehr geistig-strukturierte diskursive Symbolformen. Diese können die frühen Klänge unbewusster seelischer Zerstörungen in eine erträglichere musikalische Fassung bringen und mittels klar strukturierter Kompositionsformen vielleicht einer Reparation und Heilung zuführen, und dies je nach kultureller Epoche in unterschiedlichster Weise.

Psychosomatik –
Hegels Lehre vom vorbewussten Leben des Menschen

GUNTHER WENZ

Wie vom Kompositum umschrieben, das ihren Begriff ausmacht, beschäftigt sich Psychosomatik vorzugsweise mit dem Zusammenhang von Seele (*psyche*) und Leib (*soma*), wobei die gewählten Lehnwörter aus dem Griechischen auf eine wissenschaftliche Weise der Beschäftigung hindeuten.[1] In Gebrauch genommen wurde die Wendung in der modernen Wissenschaftsdiskussion »erstmalig 1818«[2] und zwar als Bezeichnung einer medizinischen Disziplin, deren Theorie und Praxis auf die Beziehungen ausgerichtet sein sollten, die zwischen psychischen und physisch-somatischen Prozessen walten. Dass es solche Beziehungszusammenhänge gibt, war seit alters bekannt und ist durch viele Alltagsbeobachtungen bestätigt worden. Gegenstand einer förmlichen Wissenschaft wurden sie allerdings erst im Laufe des 19. und 20. Jahrhunderts, wobei als namhaftester Wegbereiter Sigmund Freud fungierte, »der den Einfluss unbewusster Konflikte auf die Entstehung organischer Krankheiten untersuchte«[3].

Substantivische Komposita setzen unterschiedliche Hauptwörter zusammen, um auf diese Weise einen neuen Begriff zu generieren wie etwa denjenigen der Psychosomatik. Auch er vereint Differentes und zwar offenbar so, dass Einheit und Unterschied von *psyche* und *soma* zugleich in Geltung stehen sollen. Um ein weiteres Mal den einschlägigen Artikel im »Historischen Wörterbuch der Philosophie« zu zitieren: »Das Hauptanliegen der P(sychosomatik) als Theorie ist die Vermeidung der Dichotomie zwischen Leib und Seele. Dennoch wird meist eine kausal wirkende Beziehung zwischen beiden angenommen.«[4] Was die einzelnen pyschosomatischen Schulen mit der Differenzeinheit von Leib und Seele näherhin verbinden und wie sie das Verhältnis von seelischen Vorgängen und körperlichen Krankheiten bzw. somatischen Prozessen und psychischen Störungen genau bestimmen, kann und

---

1 Zur antiken Begriffsgeschichte von *psyche* bzw. anima vgl. F. Ricken, Art. Seele, in: Historisches Wörterbuch der Philosophie (= HWPh) 9, Sp. 1–11. »Der Begriff ‚Leib‘ (L.) ist eine der deutschen Sprache eigentümliche Unterscheidung, die einen Körper (K.), insofern er als beseelt gedacht wird, durch ein besonderes Wort aus der Menge der übrigen heraushebt. Dem griechischen *soma*, lateinischen ‚corpus‘ ... stehen besondere Bezeichnungen für L. im Unterschied zu K. nicht zur Seite.« (T. Borsche, Art. Leib, Körper: in: HWPh 5, Sp. 173–178, hier: 173f.) Zur Problemstellung und zur Theoriegeschichte des Leib-Seele-Verhältnisses vgl. die Artikelserie in: HWPh 5, Sp. 185–206.

2 H. Häfner, Art. Psychosomatik, in: HWPh 7, Sp. 1698–1702, hier: 1698.

3 A.a.O., 1699. »Zu einem großen Teil ist die psychosomatische Medizin an tiefenpsychologischen und psychoanalytischen Theorien orientiert gewesen und hat sich von ihnen her differenziert.« (Ebd.)

4 Ebd.

soll nicht Gegenstand dieser Untersuchung sein.[5] Statt auf medizinische bzw. medizingeschichtliche Details wissenschaftlicher Psychosomatik einzugehen, werden die Erörterungen vielmehr genereller gehalten und auf eine fundamentalanthropologische Bestandserhebung von Gegebenheiten ausgerichtet sein, wie sie für pyschosomatische Untersuchungen bereits mehr oder minder stillschweigend vorausgesetzt sind. Als exemplarischer Referenztext für die beabsichtigte Erschließung wird der erste Teil von Hegels »Philosophie des subjektiven Geistes«[6] herangezogen, der das vorbewusste Leben der leibhaften Menschenseele zum Gegenstand hat.[7]

5   Vgl. a.a.O., 1699ff.

6   Einführend kommentiert worden ist Hegels Philosophie des subjektiven Geistes nach Maßgabe der Drittauflage der Enzyklopädie von H. Drüe, in: ders. u. a., Hegels »Enyzklopädie der philosophischen Wissenschaften« (1830). Ein Kommentar zum Systemgrundriss, Frankfurt a. M. 2001, 206–289; zur Anthropologie vgl. 216ff. Drüe kommt zu dem Schluss, dass der erste als »der bei weitem materialreichste Teil des subjektiven Geistes« (251) »für die heutige Wissenschaft vom Menschen keine Bedeutung mehr hat« (ebd.). Es ist nicht auszuschließen, dass dieses Urteil durch die Eigenart der Interpretation Drües und ihrer Prämissen bedingt ist. Sein Werk »Psychologie aus dem Begriff. Hegels Persönlichkeitstheorie« (Berlin/New York 1976) gibt einige Anlässe zu dieser Vermutung. Immerhin wird Hegel nicht als Psychopath eingestuft: »Der Versuch, die Schwierigkeiten und den Tenor des Hegelschen Werkes auf eine psychotische, im engeren Sinne: schizophrene, Geistesverfassung seines Autors zurückzuführen, kann ... als widerlegt gelten.« (159) Zum Urteil großer Psychologen wie Wundt, Freud, Jung und Bühler über Hegel vgl. 16ff.

7   Der Begriff »vorbewusst« ist bewusst gewählt, weil er die für Hegels Anthropologie charakteristische Hinordnung des Seelenlebens auf Bewusstsein besser zum Ausdruck bringt als die Begriffe »unterbewusst« oder »unbewusst«. Die notorische Unschärfe in der Verwendung besagter Begrifflichkeit ist damit nicht behoben, so dass im Folgenden zwischen vor-, unter- und unbewusst terminologisch nicht streng geschieden wird, was dem allgemeinen Sprachgebrauch entsprechen dürfte. Man wird im Hinblick auf das gesamte Wortfeld von einer »nicht ausreichend scharfen Abgrenzung gegen verwandte Ausdrücke« (M. Kaiser-El-Safti, Art. Unbewusstes; das Unbewusste, in: HWPh 11, Sp. 124–133, hier: 124) zu reden haben. Ob ein Unterschied und gegebenenfalls welcher zwischen Unterbewusstem, Bewusstlosem, Nichtbewusstem und Unter- bzw. Vorbewusstem besteht, bleibt vielfach unklar. Auch Hegels Sprache entbehrt in dieser Hinsicht der terminologischen Eindeutigkeit, was kein Einwand gegen seine Anthropologie sein muss, sofern diese weniger an terminologischer als an logisch-gedanklicher Konsequenz bemessen werden will. Was die Terminologie anbelangt, so genügt die Feststellung, dass für die Hegel'sche Anthropologie das Bewusstsein die Schwelle markiert, die alles Unterschwellige zu ersteigen hat, ob dieses nun das Vor-, Unter- oder Unbewusste genannt wird. Erwähnung verdient im gegebenen Zusammenhang auch Hegels Theorie des natürlichen Vergessens. Man kann einerseits bewusst zwischen Erinnerungswürdigem und dem unterscheiden, was getrost zu vergessen ist. Andererseits stellen Vergessen und in bestimmter Weise auch Erinnern vorbewusste Vorgänge dar. Nicht alles, was in Erinnerung ist, muss auf bewusstem Wege dorthin gelangt sein, wie umgekehrt bewusst Erlerntes unwillkürlich und unbewusst in Vergessenheit geraten kann.

Die Grundsätze seines Systems hat Hegel in den drei Ausgaben seiner »Enzyklopädie der philosophischen Wissenschaften im Grundrisse« an die Öffentlichkeit gebracht.[8] Der »Anthropologie«[9] genannte erste Teil der Lehre vom subjektiven Geist, der vom präbewussten Seelenleben handelt, umfasst in der Erstausgabe von 1817 die §§ 308–328 (vgl. GW 13, 183–194), in der erweiterten Zweitausgabe von 1827 sowie in der drei Jahre später fälligen Drittausgabe die §§ 388–412 (vgl. GW 19, 293–316; GW 20, 387–421). Es folgen unter dem vom ersten Großwerk her bekannten Titel »Die Phänomenologie des Geistes« die Lehre vom Bewusstsein, vom Selbstbewusstsein und von der Vernunft, an die sich die »Psychologie« genannte Lehre vom theoretischen, praktischen und freien Geist anschließt. Systematisch gerahmt wird die dreigeteilte Philosophie des subjektiven Geistes von der Naturphilosophie einerseits und der Philosophie des objektiven Geistes andererseits, welche Recht,

8   G. W. F. Hegel, Gesammelte Werke. Hg. v. der Nordrhein-Westfälischen Akademie der Wissenschaften Bd. 13 (= GW 13): Enzyklopädie der philosophischen Wissenschaften im Grundrisse (1817). Hg. v. W. Bonsiepen u. K. Grotsch, Düsseldorf/Hamburg 2000. – Ders., GW 19: Enzyklopädie der philosophischen Wissenschaften im Grundrisse (1827). Hg. v. W. Bonsiepen u. H.-Chr. Lucas, Düsseldorf/Hamburg 1989. – Ders., GW 20: Enzyklopädie der philosophischen Wissenschaften im Grundrisse (1830). Hg. v. W. Bonsiepen u. H.-Chr. Lucas, Düsseldorf/Hamburg 1992.

9   Zum philosophischen Begriff der Anthropologie vgl. R. Wiehl, Das psychische System der Empfindung in Hegels »Anthropologie«, in: D. Henrich (Hg.), a.a.O., 81–139. Entsprechend ihrer, der Anthropologie, grenzwertigen Stellung zwischen Naturphilosophie und Philosophie des Geistes wird der anthropologische Seelenbegriff als Grenzbegriff bestimmt. Er steht für den naturbefangenen Geist, der nicht mehr Natur, aber auch noch nicht zu sich selbst als Geist gekommen ist. Hegels Anthropologie ist wie seine Theorie des subjektiven Geistes ein work in progress, was u. a. daran deutlich wird, »daß er in jeder der drei Ausgaben der Encyclopädie und den verschiedenen Vorträgen über unsere Wissenschaft die bedeutendsten Aenderungen damit vornahm« (C. L. Michelet, Anthropologie und Psychologie oder die Philosophie des subjectiven Geistes, Berlin 1840, VIII). Die Dreiteilung der Anthropologie bleibt in allen Enzyklopädieauflagen erhalten. Die Erstauflage handelt von der Naturbestimmtheit der Seele, sodann vom Gegensatz der subjektiven Seele gegen ihre Substantialität und schließlich von der Wirklichkeit der Seele, die Zweitauflage unterscheidet zwischen natürlicher, träumender und wirklicher, die Drittauflage zwischen natürlicher, fühlender und wirklicher Seele. Auch die Gliederung der einzelnen Teile variiert. So erörtert die Auflage von 1817 im ersten Anthropologieteil nach der allgemeinen und individuellen Naturbestimmtheit der Seele Schlaf und Erwachen und drittens die äußerliche und innere Empfindung, ohne die einzelnen Teile mit einer eigenen Überschrift zu versehen. Die Auflagen von 1827 und 1830 untergliedern dagegen in natürliche Qualitäten und Veränderungen der naturbestimmten Seele, um dann von ihrer Empfindung zu handeln. Zusätzliche Abweichungen und Variationen im Detail lassen sich unschwer registrieren. Von Interesse ist die Anordnung des Stoffs, die C. L. Michelet, a.a.O., 79ff. im Anschluss an Hegel vorgenommen hat. U. a. das natürliche Geschlechtsverhältnis platziert er anders als der Meister.

Eine weitere im Anschluss an Hegel ausgearbeitete Philosophie des subjektiven Geistes hat K. Rosenkranz vorgelegt: Psychologie oder die Wissenschaft vom subjectiven Geist, Königsberg 1837, ²1843, ³1863. Vgl. hierzu: K. Löwith, Die Ausführung von Hegels Lehre zum subjektiven Geist durch K. Rosenkranz, in: D. Henrich (Hg.), a.a.O., 227–234. Löwith schließt mit der Feststellung: »Man muß ... den Hegelschen bzw. ROSENKRANZschen Weg von der Idee bzw. vom Geist zur Natur und vom Wachsein zum Schlafen auch in umgekehrter Richtung gehen, um die ganze Wahrheit zu vergegenwärtigen und sich klarzumachen, daß und inwiefern die dauernde Grundlage unseres bewußten Daseins das unbewußte Leben der Natur aller Dinge ist, deren Nicht-um-sich-wissen keineswegs gleichbedeutend mit Geistlosigkeit ist.« (234) Rosenkranz lässt die Anthropologie als den ersten Teil der Lehre vom subjektiven Geist mit einem Abschnitt über den Geist in unmittelbarer Einheit mit seiner Natürlichkeit beginnen, um in einem ersten Kapitel die natürliche Bestimmtheit des Geistes durch das planetarische Leben der Erde, durch allgemeine Unterschiede der Rasse und durch individuelle Temperamente, Anlagen und Idiosynkratien in Form von Apathie, Antipathie und Sympathie zu thematisieren. Das zweite Kapitel des ersten Anthropologieabschnitts handelt unter der Überschrift »Die natürlichen Veränderungen des Geistes« von der Geschlechterdifferenz, den Altersstufen und dem Wechsel von Schlaf und Wachen, das dritte von der Empfindung und ihren Bestimmungsmomenten, wobei dem zweiten Teil über äußeres und inneres Empfinden besondere Aufmerksamkeit zukommt. Der zweite Abschnitt erörtert den Kampf des Geistes mit seiner Leiblichkeit und zwar unter dem Gesichtspunkt des Traumlebens des Geistes, des gesunden und kranken Selbstgefühls sowie der Gewohnheit. Der dritte Abschnitt ist der wirklichen Seele, näherhin der symbolischen Erscheinung des Geistes in seiner Leiblichkeit gewidmet und zwar in Bezug auf den mimischen, physiognomischen und den sog. kraniologischen, die Schädelgestalt betreffenden Ausdruck. Vgl. ferner : E. Erdmann, Leib und Seele, Halle 1837, ²1849; ders., Grundriss der Psychologie, Leipzig 1840, ⁵1873; F. Exner, Die Psychologie der Hegelschen Schule. 2 Bde., Leipzig 1842/44.

Moral und die sittlichen Institutionen von Familie, bürgerlicher Gesellschaft und Staat thematisiert, um mit einer Theorie der Weltgeschichte zu enden. Diese überführt die Philosophie des endlichen Geistes in die Kunst, Religion und Philosophie umfassende Theorie des Absoluten.

Im Unterschied zu anderen Systemteilen hat Hegel seine Philosophie des subjektiven Geistes nicht in ausgearbeiteter Form publiziert.[10] Doch sind einige Nachschriften und Kollegunterlagen zu den wiederholt zum Thema gehaltenen Vorlesungen veröffentlicht worden, die gute Einblicke in den Inhalts- und Gedankenreichtum seiner Lehre vom Menschen geben.[11] Hegels Denken ist zurecht bewundert worden »wegen der Sättigung mit Realität, in der es alle anderen weit übertrifft, – ebenso auch deshalb, weil es bei der Beschreibung von Bereichen und Zuständen der Welt einen Tiefgang und eine Polymorphie erreicht, welche die Resultate bewährter Forschungsmethoden weit hinter sich lassen«[12]. Warum Hegel den, wenn man so will, naturnahen ersten Teil seiner Philosophie des subjektiven Geistes Anthropologie und den letzten Psychologie nennt, obwohl von Anfang an von der Seele und bis zum Schluss vom Menschen gehandelt wird, bedürfte einer detaillierten terminologiegeschichtlichen Erläuterung, die aber verzichtbar ist, weil die äußere Nomenklatur bei Hegel eine lediglich marginale Bedeutung hat. Was ihren Gehalt betrifft, so genügt die Feststellung, dass Hegels Anthropologie, mit der Enzyklopädie zu reden, vom subjektiven Geist als natürlicher Seele bzw. Naturgeist, also so handelt, wie er unmittelbar an sich selbst und noch nicht reflexiv für sich vermittelt ist (vgl. GW 13, 183; GW 19, 292; GW 20, 386). Thema ist mithin der subjektive Geist, der noch kein entwickeltes Bewusstsein seiner selbst und damit auch noch kein entwickeltes Bewusstsein einer vom Selbst unterschiedenen gegenständlichen Welt hat. Die Selbst-Welt-Differenz ist in ihm zwar bereits latent vorhanden, aber noch nicht offenbar geworden. Erst allmählich enthüllt sich das ursprünglich Verborgene, und der Geist tritt aus dem Dunkel seiner natürlichen Herkunft schrittweise zutage.

---

10 Hegel plante, wie ein von Friedhelm Nicolin aufgefundenes und publiziertes Fragment belegt (F. Nicolin, Ein Hegelsches Fragment zur Philosophie des Geistes, in: Hegel-Studien 1[1961], 10ff.), »als Gegenstück zu seinem Kompendium über die Philosophie des objektiven Geistes auch die Philosophie des subjektiven Geistes systematisch auszuarbeiten« (B. Tuschling, Hegels Philosophie des Geistes nach Erdmann [1827/28], in: L. Eley [Hg.], Hegels Theorie des subjektiven Geistes in der »Enzyklopädie der philosophischen Wissenschaften im Grundrisse«, Stuttgart/Bad Cannstatt 1990, 131–154, hier: 131). Ausgeführt wurde der Plan nie.

11 Vgl. G. W. F. Hegel, Sämtliche Werke. Jubiläumsausgabe in zwanzig Bänden. Neu hg. v. H. Glockner, Zehnter Band: System der Philosophie. Dritter Teil. Die Philosophie des Geistes. Mit einem Vorwort von L. Boumann. Dritte Auflage der Jubiläumsausgabe, Stuttgart 1958 (= WW X). Zur ersten Abteilung der Philosophie des Geistes »Der subjektive Geist« vgl. WW X, 46–381. Ferner: G. W. F. Hegel, Gesammelte Werke. In Verbindung mit der Deutschen Forschungsgemeinschaft hg. v. d. Nordrhein-Westfälischen-Akademie der Wissenschaften. Band 25 in zwei Teilbänden: Vorlesungen über die Philosophie des subjektiven Geistes. Hg. v. Chr. J. Bauer. Bd. 25,1. Nachschriften zu den Kollegien der Jahre 1822 und 1825, Hamburg/Düsseldorf 2008 (= GW 25/1). Bd. 25,2: Nachschriften zu dem Kolleg des Wintersemesters 1827/28 und sekundäre Überlieferungen, Hamburg/Düsseldorf 2011 (= GW 25/2). GW 25/2, 919–1117 finden sich die Zusätze von WW X, 46–381. Als »Urquellen«, wie er sagt (WW X, 2), verwendet Boumann Hegels eigene Kollegienhefte, die jedoch keine »zu festverbundenen Sätzen ausgearbeitete Entwicklung des Gegenstandes, sondern meistentheils nur allgemeine Umrisse und abgerissene Worte« (ebd.) enthalten. Hinzu kommen fünf Nachschriften, wobei Boumann es nach eigenen Worten als seine Pflicht ansah, »den vergleichungsweise rohen Stoff gedachter Vorlesungen in diejenige künstlerische Form zu bringen, die auch von einem wissenschaftlichen Werke mit Recht gefordert wird« (WW X, 3). Boumanns Zusammenstellung wird im Folgenden unter Voraussetzung der Kenntnis der Enzyklopädietexte vorzugsweise verwendet, und zwar in der Absicht, einen ersten Einblick zu geben in die Materialfülle der Hegel'schen Anthropologie und die Weisen ihrer Stofforganisation.

12 D. Henrich, Vorwort, in: ders. (Hg.), Hegels philosophische Psychologie (Hegel-Studien Beiheft 19), Bonn 1979, 9–11, hier: 9.

Wie bei Hegel nicht anders zu erwarten, vollzieht der subjektive Geist als Naturgeist drei Schritte, um zu Bewusstsein, Selbstbewusstsein und Vernunft zu gelangen und jenes geistige Format anzunehmen, das seinem Begriff und seiner Bestimmung entspricht. Der erste Schritt führt ihn aus seiner vermittlungslosen Unmittelbarkeit hin zu einer rudimentären Empfindung; der zweite lässt ihn zu einer fühlenden Seele werden und zu einem Selbstgefühl finden, das mittels der Gewohnheit in einem dritten und letzten Schritt zur Entwicklung dessen führt, was Hegel die wirkliche Seele nennt. Ihre Realität besteht genau in jener Differenzeinheit, auf die, wenn ich es recht sehe, die Wissenschaft der Psychosomatik vorzugsweise bezogen ist. Die wirkliche Seele ist eine somatische Größe. Ihr eignet körperliche Präsenz dergestalt, dass sie ihren Körper leibhaft gestaltet. Der Leib der Seele ist nicht bloßer, sondern beseelter, in seiner Äußerlichkeit von Innen her geformter Körper. Umgekehrt sind die Seele und das seelische Innenleben vom äußeren Körper und seinen Äußerungen nie separiert, sondern ihm innigst verbunden.

Leib und Seele des Menschen lassen sich zwar unterscheiden, aber nicht trennen.[13] Sie bilden eine psychosomatische Differenzeinheit, welche die Bedingung der Möglichkeit der weiteren Entwick-

---

13 Vgl. dazu die Ausführungen Hegels zur Gemeinschaft der immateriellen Seele mit ihrem materiellen Körper, den zu ihrem Leib zu gestalten sie bestimmt ist, in: GW 13, 184f.; GW 19, 293ff. und GW 20, 388f. Die differenzierte Leib-Seele-Einheit wird als Faktum angenommen, das es zu begreifen gilt. Insofern zur Anthropologie alles gehört, »was den Zusammenhang der Seele mit dem Leibe betrifft« (GW 25/1, 211), ist sie ihrem Begriff und Wesen nach Psychosomatik. Dreierlei Vorstellungen sind Hegel zufolge in Bezug auf das Leib-Seele-Verhältnis möglich: »Erstens, der Geist ist selbst Materie, die Ansicht des Materialismus oder Naturalismus. Zweitens, das Verhältniß des Spiritualismus oder Idealismus, drittens, das Verhältniß unserer gewöhnlichen Vorstellung, Dualismus.« (GW 25/1, 213) Als die gewöhnlichste ist die dualistische nach Hegels Urteil zugleich die abwegigste Vorstellung, weil sie den evidenten Zusammenhang von Leib und Seele und deren psychosomatische Einheit nicht zu begreifen vermag. Ernster zu nehmen sei die materialistische, der man wegen ihres Strebens nach letztbegründeter Einheit Gerechtigkeit widerfahren lassen müsse, obwohl sie sich bei näherer Betrachtung als oberflächlich zu erkennen gebe. Oberflächlichkeit wird dem Materialismus insbesondere deshalb attestiert, weil er das Psychische und Geistige zum bloßen Epiphänomen des Körperlichen herabsetze und damit das Seelen- und Geistesleben letztlich zum Schein erkläre, was nicht zuletzt durch das materialistische Denken, sofern es Denken sei, selbst falsifiziert werde. Das wahre Verhältnis von Leib und Seele, bzw. Leib, Seele und Geist sei nur auf idealistische Art zu erfassen, freilich nicht nach Weise eines Idealismus, der sich durch den Gegensatz zum Realismus bestimme, sondern diesen in sich zu begreifen vermöge. Vorbild hierfür sei für alle Zeit Aristoteles, dessen Lehre »De anima« gemäß Hegel nach wie vor zum Allerbesten gehört, was je zum Thema geschrieben worden sei (vgl. SW 25/1, 221f.). Um zumindest einige knappe Orientierungshinweise auf das Werk zu geben: Nach doxographischen Ausführungen und einer Kritik traditioneller Seelenlehren im ersten Buch entwickelt Aristoteles in den beiden Folgebüchern von »De anima« seine Theorie der Seelenvermögen (vgl. E. Grumach [Hg.], Aristoteles. Werke in deutscher Übersetzung. Bd. 13: Über die Seele. Übers. v. W. Theiler, Darmstadt 1959, 80ff.). Buch II enthält nach einer allgemeinen Bestimmung der Seele und nach Bemerkungen zu ihrer Stufung Ausführungen zum seelischen Ernährungs- und Wahrnehmungsvermögen, wobei letzteres nach Maßgabe der fünf Sinne in Gesicht, Gehör, Geruch, Geschmack und in den Tastsinn unterteilt wird. Mit weiteren Sinnen bzw. Seelenvermögen sinnlicher Wahrnehmung ist nicht zu rechnen, wohl aber mit einer der Menschenseele gegebenen Fähigkeit, die Wahrnehmung als Wahrnehmung wahrzunehmen, um auf diesem Wege zur Selbstwahrnehmung und zu einem Bewusstsein zu gelangen, das um sich weiß. Ohne reflexives und sich wissendes Bewusstsein vermag sich das seelische Denkvermögen nicht auszubilden. Von ihm und vom Vorstellungsvermögen, das zu ihm überleitet, handelt Aristoteles im III. Buch von »De anima«. Die Denktätigkeit als das Vermögen, mit welchem die Seele begreift, bildet die Voraussetzung dafür, dass seelische Bewegungs- und Bestrebungsvermögen vernünftig zu gestalten und den Willen nicht triebhaft, sondern rational zu betätigen. Ein, wenn man so will, Kapitel für sich bildet das fünfte des III. Buches, das von leidender und tätiger Vernunft handelt. »Es gibt kein Stück der antiken Philosophie, das wie die halbe Seite dieses Kapitels eine solche Masse der Erklärungen hervorgerufen hat.« (A.a.O., 142) Gesagt wird, dass nur dem *nous poetikos*, der seinem Wesen nach reine und leidensunfähige Tätigkeit sei, Unsterblichkeit eigne, wohingegen der *nous pathetikos* als sterblich zu gelten habe. Zwar habe die leidende Vernunft der Menschenseele an der unsterblichen Wirklichkeit der tätigen Anteil, aber gewissermaßen nicht an sich selbst und auf Dauer. Als durch die Differenz von Denken und Gedachtem bestimmte Seele sei die Menschenseele endlich und ende ohne verbleibende Erinnerung: Der *nous pathetikos*, der das menschliche Denken kennzeichnet, ist sterblich (vgl. De anima 430a).

lung, nämlich der Ausbildung von Ich- und gegenständlichem Weltbewusstsein etc. ist. Von ihm, dem Selbstbewusstsein des Ich und dem Bewusstsein der gegenständlichen Welt, wird im Folgenden nicht gehandelt. Erörtert werden soll nicht das bewusste, sondern das unbewusste Leben der Menschenseele, ausführlicher und verhältnismäßig genau ihre erste Lebensphase bis hin zur Ausbildung seelischen Empfindens, kürzer und weniger detailliert dann das Leben der fühlenden Seele, aus dem heraus sich diese zu ihrer manifesten psychosomatischen Einheit erhebt.[14]

1. Geborener Franke, oder: Äußere Beschaffenheiten des naturhaften Seelenlebens

Damit der Menschenkörper beseelter Leib und die Menschenseele leibhaft werde und sei, muss der subjektive Geist seine Ursprungsverfassung als Naturgeist transzendieren und, mit Hegel zu reden, empfindsam und fühlend werden. Den Weg zur Empfindung hin beschreibt die Lehre von der natürlichen Seele bzw. von dem, »was jenseits des bewußtseins in sie eingeschrieben ist« (GW 24/2, 595; Kursivierungen in 24/2 sind hier wie ff. nicht wiedergegeben, die Schreibweisen Hegels hingegen beibehalten.) als dem ersten Teil der Hegel'schen Anthropologie.[15] Bevor der Mensch überhaupt etwas wahrnimmt, wirken auf ihn, wie Hegel sagt, bereits natürliche Qualitäten und Veränderungen ein und zwar auf nicht nur präbewusste, sondern auf eine Weise, die noch vor einer klar identifizierbaren Empfindung liegt. Worum handelt es sich? Was die Naturqualitäten anbelangt, die das natürliche

---

14 Damit sich die Seele aus ihrer unmittelbaren Naturbestimmtheit heraus entwickle und zur fühlenden sowie zur wirklichen, einen Körper als ihren Leib durchformenden Seele werde, muss sie von ihrer anfänglichen Abstraktheit abstrahieren und die Äußerlichkeit ihrer natürlichen Herkunft zum Moment ihrer Lebensgeschichte herabsetzen, um sie auf diese Weise zu integrieren. Dies gilt zunächst in Bezug auf die Umweltfaktoren, die ihr natürlicher Lebensraum mit sich bringt und die ihr Naturell, ihr Temperament und ihren Charakter prägen, sodann in Bezug auf die Abfolge der Lebensalter, das Geschlechtsverhältnis und den im Übergang von Schlafen und Wachen begriffenen Bereich.

15 Hegels sog. Anthropologie und insbesondere seine Theorie vom natürlichen Seelenleben des Menschen thematisiert »das anfängliche Werden realer menschlicher Subjektivität jenseits des Bewusstseins« (S. Hoth, Der Geist in der Stufe seiner Dunkelheit, in: A. Arndt u. a. [Hg.], Das Leben denken. Erster Teil, Berlin 2006 [Hegel-Jahrbuch 2006], 262–266). Auf dieser Stufe seiner Entwicklung ist der Geist noch zu keiner klaren Unterscheidung von Innen und Außen, Ich und gegenständlicher Welt gelangt. Sein Leben bleibt für ihn im Dunkeln. Zwar ist das vor-, unter- bzw. unbewusste Seelenleben des Menschen Hegel zufolge Leben des Geistes und nicht indifferentes Naturleben. Aber der Geist ist erst dabei, sich zu regen und allmählich von der Natur zu emanzipieren. Erst im Laufe seiner Entwicklung kann er sich seine natürliche Herkunftsgeschichte als die ursprüngliche Nachtseite seines Daseins vergegenwärtigen, zu Bewusstsein bringen und in sein subjektives Selbstbewusstsein aufheben. Dass das ins Bewusstsein und Selbstbewusstsein überführte Un-, Unter- bzw. Vorbewusste »ein Leben lang als dessen psychische Tiefenstruktur sein Handeln und Denken unwissentlich durchherrscht« (ebd.), wird man im Sinne Hegels nicht ohne Weiteres sagen dürfen, da nicht das Es das Ich, sondern das Ich das Es zu beherrschen bestimmt ist. Gleichwohl bleibt das natürliche Seelenleben, auch wenn es bestimmt negiert und zu Bewusstsein gebracht ist, in allen Ichvollzügen erhalten, um sie zu begleiten, was in der Regel stillschweigend – ebenso unwissentlich wie unwillkürlich – geschieht. Dies gilt umso mehr, als der Mensch als leibhafte Seele nicht beständig seiner selbst und seiner Welt bewusst, sondern, um nur dieses Beispiel zu nennen, einem beständigen Wechsel von Wachen und Schlafen etc. ausgesetzt ist. Während den Wachzustand eine klare Selbst-Welt-Unterscheidung und ein kohärentes Gegenstandsbewusstsein charakterisieren, bleibt im Zustand der Bewusstlosigkeit und vergleichbar in demjenigen des Schlafes die Ich-Nichtich-Differenz verborgen. Im Traum wiederum treten zwar einzelne Vorstellungen zutage, aber sie bleiben analog einem kranken Geisteszustand umnachtet, um lediglich assoziativ verbunden zu werden. Hegel beschreibt das Traumleben vorzugsweise mit »Metaphern des Fallens und Schwindels« (263), ohne sich ausschließlich auf diese Beschreibungsart festzulegen. Zugleich weiß er, dass sich im Traum »das im Wachzustand durch das Bewusstsein Verdrängte zur Sprache bringen kann« (ebd.) und mit ihm die infantile Naturgeschichte des Geistes. Gut, wer einen Traumdeuter zur Seite hat, der die Zeichen des schlafenden Geistes zu lesen versteht.

Seelenleben generell und unspezifisch bestimmen, so denkt Hegel dabei nebst dem Universum als dem abstraktesten Kontext allen Seins an die globalen Gegebenheiten des natürlichen Erdenlebens, näherhin, um es bei diesen Beispielen zu belassen, an den durch die Erdumdrehung bedingten Wechsel von Tag und Nacht, an den durch den Sonnenumlauf des blauen Planeten verursachten Jahreszeitenwechsel oder an klimatische Konditionen. Wetterfühligkeit wäre als ein Urphänomen natürlichen Seelenlebens zu benennen, das noch vor klaren Empfindungen auftritt, um, wie Hegel meint, immer mehr abzunehmen und zurückzutreten, je mehr sich das Seelenleben fortentwickelt.

Hegel leugnet nicht, dass das menschliche Seelenleben wie analog das Leben der Tiere und Pflanzen von kosmisch-siderisch-tellurischen Komponenten unmittelbar abhängt. Er bestreitet aber vehement, dass aus der Naturbestimmtheit der Menschenseele ihre Naturhaftigkeit bzw. Naturalisierung zu folgern sei. Eine solche Folgerung müsste als nicht nur geistlos, sondern geistwidrig beurteilt werden, da die Menschenseele ihrer Bestimmung gemäß darauf angelegt ist, die Natur einschließlich ihrer eigenen zu transzendieren. In diesen Zusammenhang gehört die Feststellung, dass die astrologische Annahme eines direkten Einflusses der Gestirne und ihrer Konstellationen auf das menschliche Lebensgeschick als »Aberglaube« (WW X, 65) zu verwerfen sei. Aberglaube ist, wie Hegel lakonisch definiert, »der Glaube von einem Zusammenhang, der nicht Statt findet, nicht der gesetzte Zusammenhang der Natur ist« (GW 25/2, 602; Kursivierungen sind nicht wiedergegeben.).

Wohl hätten, meint Hegel, Sonne, Mond und Sterne Einfluss auf jedes natürliche Seelenleben auf Erden, aber dieser Einfluss sei lediglich äußerlich und werde umso geringer, je gediegener sich das seelische Innenleben ausbilde. An einem Vergleich von Pflanze und Tier könne man sich dies unschwer verdeutlichen. Richte sich das vegetabilische Leben unmittelbar nach dem Stand der Sonne, nehme das Tier seinen Gang auch unabhängig von ihrem Verlauf, obwohl auch die animalische Seele von diversen Lichtverhältnissen naturgemäß nicht unberührt bleibt. Dies gilt entsprechend von der Menschenseele und den Eindrücken, die etwa die Wechsel von Tag und Nacht oder die Abfolgen von Frühjahr, Sommer, Herbst und Winter in seelischer Hinsicht hinterlassen. Auch klimatische und sonstige Umweltbedingungen bleiben der Menschenseele nicht einfach äußerlich, sondern haben externen Einfluss auf ihr inneres Leben, ohne es doch von Grund auf bestimmen zu können.[16] Die Formalisierung der Zeitabläufe durch die Uhrzeit gibt ein Beispiel hierfür und für das virtuelle Vermögen des Menschen, »aus Tag Nacht (zu)machen und umgekehrt« (GW 25/2, 604).

Spezifische Gestalt nehmen die allgemeinen Umweltbedingungen seelischen Lebens in den natürlichen Besonderheiten an, die es biologisch prägen. Hegel spricht von »*besondern Naturgeister(n)*, die im Ganzen die Natur der geographischen Weltteile ausdrücken, und die *Racenverschiedenheit* ausmachen« (WW X, 70). Der geographische Unterschied der Weltteile reflektiert sich im Leben der natürlichen Seele darin, dass mit kontinentspezifischen bzw. territorialen Seelenlagen zu rechnen ist,

---

16 Zur allgemeinen Naturbestimmtheit menschlichen Seelenlebens gehört, dass dieses im Universum in einem bestimmten Sonnensystem und auf der Erde (»als Individualität des Sonnensystems« [GW 25/1, 31]) stattfindet, wo Tag und Nacht sowie Jahreszeiten wechseln, was spezifische Seelenstimmungen hervorruft, die aber nicht eigentlich binden, da der Mensch »an die natürliche Disposition nicht gehalten« (GW 25/1, 32) ist. Er ist vielmehr dazu bestimmt, das universal-globale Naturleben und seine »Figurationen« (GW 25/1, 225) zu transzendieren, sofern diese »zum Bewusstlosen des Geistes« (ebd.) gehören, welches zu Bewusstsein zu bringen ist.

die sich generalisieren lassen. Dabei ist es eher der Boden als das Blut, von dem Hegel die sog. Menschenrassen herleitet, ganz abgesehen davon, dass Rassendifferenzen nach seinem Urteil die conditio humana nur äußerlich angehen und in keiner Weise das Menschsein der Menschen bestimmen; anderes zu behaupten, wäre inhuman und ein lästerlicher Frevel an der Menschheit.

Statt die von Hegel geltend gemachten naturhaften Seelenunterschiede von Afrikanern, Asiaten und Europäern oder die Bedeutung zu erörtern, die er mit der Polarität von Alter und Neuer Welt verbindet[17], sei lediglich namhaft gemacht, dass sich die Kontinentalgeister, die nach seinem Urteil das natürliche Seelenleben der Menschen in den einzelnen Erdteilen atmosphärisch bestimmen, zu Lokalgeistern ausdifferenzieren, um Rassen der ganz besonderen Art hervorzubringen wie etwa die Bayern, die Schwaben oder – last but not least – die Franken, die Hegel indes nicht eigens thematisiert. Der Philosoph begnügt sich damit, den allgemeinen Kontinentalgeist Europas in Bezug auf Griechen, Italiener, Spanier, Franzosen, Engländer und Deutsche zu spezifizieren. Folgt man seiner Auffassung, dann ist die deutsche Seele gleichsam von Natur aus »nach innen gekehrt« (WW X, 86). Sich dessen oder sonstiger Vorzüge des Nationalcharakters zu rühmen, von dem man sich geprägt weiß, besteht nach Hegel indes kein vernünftiger Grund, wie überhaupt ein borniert er Stolz, Deutscher zu sein bzw. dieser oder jener Rasse anzugehören, nach seinem Urteil nicht nur dumm, sondern tendenziell böse ist.

Wie das allgemeine planetarische Leben der natürlichen Seele überhaupt, sind auch die naturhaften Eigentümlichkeiten, die mit ihrem Sein in einem partikularen Hier und Jetzt unmittelbar gegeben sind, aufzuheben und in eine höhere Daseinsart zu überführen, damit sich der Mensch auf humane Weise realisiere. Bewusstes Insistieren auf der natürlichen Verfasstheit des Seelenlebens verkommt stets zur Inhumanität. Insofern entspricht, was Hegel über Rassenverschiedenheiten ausführt, einer rassistischen Ideologie nicht nur nicht, sondern widerspricht ihr kontradiktorisch. Dies hinderte ihn nicht, ein geborener Schwabe zu sein und jedenfalls diesbezüglich zeitlebens zu bleiben, was er von Natur aus war. Franken können es getrost ebenso halten, solange sie der Maxime eingedenk bleiben: »die gebildeten Menschen erheben sich über die Nationalität, eines gebildeten Menschen Auszeichnung ist: nach allgemeiner Denkweise zu handeln.« (GW 25/3, 616; Kursivierungen und Sperrungen sind nicht wiedergegeben.)

Das Leben der Seele ist in ihrer unmittelbaren Naturbestimmtheit äußerlich durch allgemeine Raumbeschaffenheiten der Umwelt geprägt, die seelische Eigentümlichkeiten lokaler Art zur Folge haben. Innerlichkeit nimmt die räumliche Umweltprägung in der Form der Abfolge von Lebensaltern an, in deren Gestalt die Zeit in die, wenn man so sagen darf, stabilitas loci der Naturseele Einzug hält, um urtümliche Veränderungen zu bewirken. Da »die allgemeine Naturseele bloß in den einzelnen Seelenleben zur Wirklichkeit kommt« (WW X, 61), stellt die Lehre von den Lebensaltern gegenüber

---

17 Vgl. hierzu im Einzelnen etwa GW 25/1, 33ff. sowie GW 25/2, 605ff. Entscheidend ist der Grundsatz, dass menschliche Rassenunterschiede keine Gattungsdifferenz begründen, weil das Menschsein des Menschen allgemein ist und jedem einzelnen Menschen zukommt. Wer anderes behauptet, ist inhuman und ein Unmensch, der seine Bestimmung und das Wesen seiner Gattung zu verraten im Begriff steht. Dass Hegels Lehre von differenten Menschenrassen trotz zutreffender Ausgangsmaximen manch Ungereimtes und manche Vorurteile enthält, sei nicht verschwiegen (vgl. etwa GW 25/1, 35: »Die Neger sind eine Kindernation.«).

den vorangegangenen allgemeinen Qualifizierungen einen Konkretisierungsfortschritt dar, ohne dass dadurch die Abstraktheit der Betrachtung bereits wesentlich weggearbeitet wäre. Sie verbleibt, was sich allein aus der Tatsache ablesen lässt, dass der Mensch das Altern mit einer ganzen Reihe extrahumaner Kreaturen teilt.

Die Abfolge der Lebensalter ist die ursprüngliche Form der Veränderung einer im Zeitverlauf mit sich identisch bleibenden Naturseele. Nicht dass die menschliche Biographie in der Wahrnehmung dieser Abfolge aufgehen sollte; davon kann nicht die Rede sein. Aber diese bildet die Naturbasis der Lebensgeschichte des einzelnen Menschen – so wie die Stellung des Menschengeschlechts im Raum und in den einzelnen Räumen, welche die Völker als Gattungsrepräsentanten einnehmen, die natürliche Basis dessen bilden, was Menschheits- bzw. Weltgeschichte heißt. Nachzutragen ist, dass der Naturgeschichte der menschlichen Individualseele vorangeht, was Hegel Naturell, Temperament und Charakter nennt. Unter Naturell versteht er »die natürlichen Anlagen im Gegensatze gegen Dasjenige, was der Mensch durch seine eigene Thätigkeit geworden ist« (WW X, 89). Im jeweiligen Temperament des Cholerikers oder Sanguinikers, des Phlegmatikers oder des Melancholikers[18] nimmt das Naturell spezifische Gestalt an, damit sich im Vollzug der Aufhebung der Differenz von Naturell und Temperament Charakter ausbilde. Das mit seiner Dedikation verbundene Motto des vorliegenden Aufsatzes gehört in diesen Kontext: »Der charaktervolle Mensch imponirt Anderen, weil sie wissen, was sie an ihm haben.« (WW X, 91) Das ist deshalb der Fall, weil der Charakter ein Prägemal von Dauer darstellt, auf welches man bei einem Menschen wie auf einen festen Naturgrund bauen kann, was freilich nur gilt, wenn sich Natur mit Geist verbindet. Ein Franke beispielsweise muss frank und frei sein, um als echter Charakter zu gelten. Umso mehr trifft dies für Talente, Temperamente und Naturells der verschiedenen Art zu, um von familiären Dispositionen und Ideosynkrasien zu schweigen.

Mit seiner Theorie von Naturell, Temperament und Charakter schließt Hegel den ersten Teil seiner Lehre von der natürlichen Seele ab, um sie vom Raumhaften ins Zeitliche, aus der Sphäre der natürlichen Qualitäten in diejenige der natürlichen Veränderungen zu überführen, wobei als erstes der natürliche Verlauf der Lebensalter von Kindheit und Jugend über Erwachsenenleben zur Greisenhaftigkeit in Betracht kommt. Ein knapper Abschnitt über den Dual der Geschlechter und ihr Verhältnis zueinander schließt sich zweitens an, bis es dann drittens zum allmählichen Erwachen der Seele aus dem Naturschlaf bzw. aus ihrer träumerischen Existenz kommt, was die Voraussetzung einer eindeutigen seelischen Empfindung ist. Was die Systemstellung des natürlichen Geschlechterverhältnisses von Mann und Frau angeht, so wurde sie, wie am Rande bereits vermerkt, zum Teil auch von erklärten Anhängern Hegels deutlich kritisiert. Die menschlichen Sexualbeziehungen seien unmöglich unter die Rubrik der natürlichen Veränderungen zu subsummieren, »indem ein Weib nicht zum Manne,

---

18 »Man kann sagen: das phlegmatische Temperament ist gerichtet auf die Substanz auf die Sache, aber mit weniger bethätigung; wenn es aber dann seine Subjectivität nach und nach mit dem Inhalt vereinigt hat so ist es selbst substantiell geworden und beharrt darin; das sanguinische Temperament« gilt als sein Gegentheil insofern es auch die subjective Seite dieser beweglichkeit hat aber zugleich auf die Sache gerichtet ist und leichter sich mit ihr vereinigt, aber auch leichter sie wieder verläßt. Sanguinisch und cholerisch gehen fast nur auf die Subjectivität; das Melancholische ist das sich in sich herumdrehen.« (GW 25/2, 617; Kursivierungen und Sperrungen sind nicht wiedergegeben.)

wie z. B. ein Knabe zum Jüngling wird«[19]; weil dies wohl auch Hegel nicht bestritten hätte, mag der Hinweis genügen, dass er selbst Unsicherheiten in Bezug auf die Systematik des Geschlechterverhältnisses zu erkennen gibt, wie u. a. ein Vergleich der unterschiedlichen Enzyklopädieauflagen erweist.

2. Mann im besten Alter, oder: Innere Veränderungen des naturhaften Seelenlebens

Zu altern ist kein anthropologiespezifisches Datum. Der Mensch teilt es mit allen Lebewesen, die geboren werden und sterben. Der Anfang des Alterungsprozesses ist Hegel zufolge von »der unmittelbaren, noch unterschiedslosen Einheit der Gattung und der Individualität« (WW X, 95) bestimmt, wie sie bei Zeugung bzw. Empfängnis eines menschlichen Lebewesens statthat, um sich im Vollzug seiner embryonalen Entwicklung fortschreitend auszudifferenzieren auf die »Geburt des Individuums« (ebd.) hin. Zu seinem Ende gelangt der Prozess des Alterns mit dem Tod als »dem Siege der Gattung über die Einzelnheit« (ebd.). Anfang und Ende des Menschenlebens korrespondieren einander sonach in gleichsam gegenläufiger Weise; was sich unter individuellen Gesichtspunkten als unumkehrbarer, eindeutig gerichteter Verlauf darstellt, kann unter Gattungsaspekten als beständige Wiederkehr des Gleichen erscheinen.

Ist das Kindesalter durch Nähe zum »gegensatzlose(n) Anfang« (WW X, 97) charakterisiert, so das Greisenalter durch Nähe zum »gegensatzlose(n) Ende« (ebd.) des individuellen Menschenlebens. Beides macht naturgemäß Eindruck auf die Menschenseele und hinterlässt Spuren in ihr, was vergleichbar für die anderen Lebensalter gilt, die je eigene Verfassungen von natürlicher, allgemeiner Art zeitigen. »So entsteht eine Reihe von unterschiedenen Zuständen, welche das Individuum als solches durchläuft, – eine Folge von Unterschieden, die nicht mehr die Festigkeit der in den verschiedenen Menschenracen und in den Nationalgeistern herrschenden unmittelbaren Unterschiede des allgemeinen Naturgeistes haben, sondern an Einem und demselben Individuum als fließende, als in einander übergehende Formen erscheinen.« (WW X, 95) Was das Kindesalter betrifft, dem er besondere Aufmerksamkeit widmet, so folgt nach Hegel auf den »vegetativen Zustande, in welchem es sich im Mutterleibe befindet« (WW X, 98), die tierähnliche Lebensphase des Kindes, in welche es mit seiner Geburt eintritt. Doch zeigt sich rasch, dass es sich beim Menschenkind um ein Tier der ganz besonderen Art handelt.

Nicht nur dass der tierische Organismus in ihm »zu seiner vollkommensten Form gelangt« (WW X, 99), auch seine im Vergleich zu Tieren viel größere »Abhängigkeit und Bedürftigkeit« (ebd.) erweist sich bei näherem Zusehen als Vorzug: »Doch offenbart sich seine höhere Natur auch bereits hierbei.« (Ebd.) Als Beweis führt Hegel das unbändig-ungebärdige Schreien des Säuglings an, mit dem er sein Bedürfnis artikuliert. Während Tiere in der Regel stumm bleiben, brüllt das Menschenkind aus Leibeskräften – durchdrungen von der Gewissheit, »daß es von der Außenwelt die Befriedigung seiner Bedürfnisse zu fordern ein Recht habe, – daß die Selbständigkeit der Außenwelt gegen den Menschen eine nichtige sei« (ebd.). Die allmähliche Erkenntnis der Gegenständlichkeit der Außenwelt

---

19 C. L. Michelet, a.a.O., VII.

falsifiziert diesen Sachverhalt nicht, sondern verifiziert ihn spätestens dann, wenn das Kind »Ich« zu sagen und sich selbst von aller Welt zu unterscheiden vermag.

Das »Erfassen seiner Ichheit« (WW X, 100) ist Hegel zufolge nicht nur »ein höchst wichtiger Punkt in der geistigen Entwicklung des Kindes« (WW X, 100f.), sondern die Möglichkeitsbedingung seines Erwachsenwerdens. Denn damit beginnt es, »aus seinem Versenktsein in die Außenwelt sich in sich zu reflektiren« (WW X, 101). Äußert sich die kindliche Selbsterfassung als Ich, dem das Streben nach selbständigem Stehen und aufrechtem Gang, nach artikuliertem Ausdruck und Sprachkompetenz etc. vorherging, zunächst dadurch, »daß das Kind mit den sinnlichen Dingen *spielen* lernt« (ebd.), tritt im Verlauf des Knabenalters an die Stelle des Spielens immer mehr ein ernsthaftes Lernen, welches durch die »Nachahmungssucht der Kinder« (ebd.) und ihren Wunsch aufgestachelt wird, groß und den Großen gleich zu werden. Sucht die Schule »den Uebergang aus der Familie in die bürgerliche Gesellschaft« (WW X, 104) institutionell und kontinuierlich zu vermitteln, so setzt der Jüngling, in dem sich »beim Eintritt der Pubertät das Leben der *Gattung* ... zu regen und Befriedigung zu suchen beginnt« (ebd.), in der Regel auf Diskontinuität, um den familiären Hort schleunigst hinter sich zu lassen. Die Träume unschuldiger Kindheit sind ihm vergangen. Angesichts des zukünftigen Neuen steht für ihn das Alte seiner Herkunft nur noch bedingt in Geltung. Stark ist der Drang zu revolutionärer Umgestaltung traditioneller Verhältnisse, in denen er sich nicht nur nicht erkannt, sondern permanent verkannt fühlt.

Als Durchgangsstadium auf dem Weg zum Erwachsenwerden und als Mittel, sich seiner Eigenständigkeit zu versichern, ist die Abkehr von allem Bisherigen für die Entwicklung des Heranwachsenden notwendig und unverzichtbar. Zur komischen Figur hingegen degeneriert, wer sich als Dauerpubertierender gebärdet. Mag anfangs auch »dem Jünglinge der Uebergang aus seinem idealen Leben in die bürgerliche Gesellschaft als ein schmerzhafter Uebergang in's Philisterhafte erscheinen« (WW X, 105), so führt daran doch kein vernünftiger Weg vorbei. Der prinzipielle Widerwille gegen die Realität ist aufzugeben, und die Aufgabe entschlossen zu ergreifen, Wirklichkeit durch Denken und Tun vernünftig zu gestalten. »In dieser erhaltenden Hervorbringung und Weiterführung der Welt besteht die Arbeit des Mannes.« (WW X, 106) Führt dieser das ihm aufgetragene bzw. von ihm übernommene Geschäft mit verlässlicher Regelmäßigkeit aus, wird es ihm zur Gewohnheit und er gewinnt eine Festigkeit, die ihn zum Meister seines Faches werden lässt. Zugleich kündigt sich im »vollendete(n) Ausgebildetsein seiner Thätigkeit« (WW X, 108) bereits der Anfang vom Ende nicht nur seines Berufslebens, sondern des Lebens insgesamt an. »So wird der Mann durch die Gewohnheit des geistigen Lebens ebenso, wie durch das Sichabstumpfen der Thätigkeit seines physischen Organismus, zum *Greise*.« (WW X, 108)

Der alt gewordene Mensch »lebt ohne bestimmtes Interesse, da er die Hoffnung, früher gehegte Ideale verwirklichen zu können, aufgegeben hat, und ihm die Zukunft überhaupt nichts Neues zu versprechen scheint, er vielmehr von Allem, was ihm etwa noch begegnen mag, schon das Allgemeine, Wesentliche zu kennen glaubt« (WW X, 108). An die Stelle der Erwartung ist die Erinnerung getreten und je mehr das aktuelle Gedächtnis nachlässt, desto wichtiger stellt sich das Andenken an längst Gewesenes dar. Bald wird das Greisenleben selbst nur noch gewesen sein. »So schließt sich der Verlauf der Lebensalter des Menschen zu einer durch den Begriff bestimmten Totalität von Veränderungen ab, die durch den Proceß der Gattung mit der Einzelnheit hervorgebracht wird.« (WW X, 108f.)[20]

Bleibt hinzuzufügen, dass Vergänglichkeit und zeitliches Vergehen nach Hegel nicht notwendigerweise als ein Sinndefizit zu bewerten sind. Gebühre schon der verblühenden und verduftenden Rose der Vorzug gegenüber dem vergleichsweise beständigen Stein, so gilt das umso mehr für den alternden Menschen: »Es ist«, vermerkt Hegel, »in dieser Rücksicht zu bemerken daß die Natur nicht hat, was wir eine Geschichte nennen, die Natur muß fertig sein wenn der Mensch auftritt, die Schöpfungsgährungen liegen jenseits, wenn sie fertig ist und zum Gegenständlichen gestaltet beginnt erst der Mensch, nur der Mensch, der Geist hat seine Geschichte. Der Geist ist nur das zu was er sich hervorbringt, sich selbst gegenständlich zu machen dieß ist seine That, dieß ist etwas was in die Zeit fällt, Geschichte, Fortschritt ist. Die Natur hingegen schreitet nicht fort, sofern der Mensch als geistig sich zu ihr verhält, sondern ihre Bewegung ist nur die objektive Wiederkehr dessen, was schon gewesen ist. Die Natur ist deswegen im ganzen langweilig, nur der Geist ist die That. Wenn man vom Menschen spricht als einzelnen, so ist seine Geschichte für sich der Natur gegenüber, die keine Geschichte hat.« (GW 25/1, 228) Zwar ist der Alterungsprozess des Menschen nur ein Moment seiner Lebensgeschichte und zwar ein natürliches, das biographisch aufzuheben und ins Geistige zu überführen ist. Aber wo dies geschieht, kann nachgerade dem Greisenalter eine Vorzugsstellung im menschlichen Lebenslauf nicht abgestritten werden.

Als Lebewesen und Repräsentant des Menschengeschlechts hat jeder ungeachtet seiner Besonderheit am Verlauf der Lebenszeit und an einem Alterungsprozess teil, der naturgemäß im Tod endet, wann immer dieser im einzelnen Fall eintritt. Kommt das Individuum unter dem Gesichtspunkt der Lebensalter nur als Moment der gattungsgemäßen Allgemeinheit in Betracht, so sondert sich diese im Geschlechtsverhältnis und die Gattung wird, wie Hegel sagt, different und gespannt in sich selbst. Die Menschheit begegnet nämlich entweder männlich oder weiblich, wobei indes Mann und Frau zunächst nicht als Individuen von unverwechselbarer Einmaligkeit, sondern lediglich als Gattungsrepräsentanten in Erscheinung treten. Es gilt die Devise, dass es nicht Art menschlicher Gattungsnatur ist, in ein Exemplar ihre ganze Fülle auszuschütten und in ihm ihre vollkommene Befriedigung zu finden. Das natürliche Geschlechtsverhältnis ist auf Begattung und darauf angelegt, den mit der geschlechtlichen Differenz von Mann und Frau gesetzten Dual in triebhafter Vereinigung aufzuheben. Im Anschluss an Hegel zu reden: »Es ist an dem Menschen eine specifische bestimmtheit, die Spannung der Gattung an sich selbst, bestimmtheit als Differenz der Gattung an sich selbst. die Gattung ist besondert, gespannt in sich selbst als Gattung und so daß jede Seite des Gegensatzes die bestimmtheit eines eignen Individuums ausmacht, aber in seiner Individualität ist jedes entzweit gegen die

---

20 Um das Gesagte unter Bezug auf die Nachschrift Stolzenbergs vom Wintersemester 1827/28 zu wiederholen: »Der Greis lebt meist in der Erinnerung, wie Kind und Jüngling in der Hoffnung; und er lebt ohne lebendiges kräftiges Interesse; das Gedächtniß schwindet; die Einzelheiten interissiren ihn nicht mehr; die Allgemeinheit des Substantiellen ist ihm wesentlich. Das Alter predigt daher gern, gibt gute Lehren und moralisirt. Die lebendigkeit ist weg, weil dies eben darin bestand, daß der Mensch nicht befriedigt war. Haben nun seine Zwecke die befriedigung erlangt, oder hat er sie aufgegeben, so ist der Gegensatz von Interesse und Objectivirung des Interesses verschwunden und die Einheit der beschränkung der Gewohnheit ist eingetreten, und das ist die Unlebendigkeit in der der Greis zum Tode fortgeht.« (GW 25/2, 629)

Gattung und hat den Trieb seine Einseitigkeit aufzuheben und die Gattung hervorzubringen, sich zur Gattung zu machen, sich zu gatten.« (GW 25/2, 629f.; Kursivierungen sind nicht wiedergegeben, die Schreibweisen Hegels beibehalten.)

Zwar ist der menschliche Gattungstrieb mit dem tierischen nicht unmittelbar gleichzusetzen. Doch ähnelt er ihm darin, dass für sein Begehren nur der Naturunterschied der Geschlechter von Interesse ist.[21] Das jeweilige andere Geschlecht wird im natürlichen Geschlechtsverhältnis des Menschen recht eigentlich nicht als besonderer Mann oder als besondere Frau, sondern als Mannheit oder Frauheit wahrgenommen. Allein als Gattungsrepräsentant wird der jeweils Einzelne zum Objekt der Begierde, die darauf aus ist, durch Begattung alle Besonderheiten aufzuheben, damit die Gattung durch das individuelle Enden hindurch fröhliche Urstände feiere und sich beständig reproduziere. Sex und Tod stehen in einem polaren Verhältnis zueinander und dienen durch Negation und Affirmation der natürlichen Regenerierung der Gattung.[22]

Der Gattungsakt, in dem sich das Geschlechtsverhältnis realisiert, wird signifikanterweise Beischlaf genannt. In seinem Vollzug ist die Menschenseele darauf aus, sich im Leiblichen aufzulösen und in die Nacht der Natur zurückzuversinken, aus der sie herkam. »Der *Schlaf* ist der Zustand des Versunkens-seyn der Seele in ihre unterschiedslose Einheit« (WW X, 113), wohingegen im seelischen Erwachen »eine nicht bloß einfache, vielmehr durch den Gegensatz vermittelte Beziehung der Seele auf sich« (WW X, 112) statthat. In ihrem Erwachen findet die Seele zu sich und wird auf rudimentäre Weise des Unterschieds ihrer selbst zu demjenigen gewahr, was sie nicht unmittelbar ist. Allerdings ist jenes anfängliche Zusichfinden der Seele in Abgrenzung gegenüber einer ihr entgegengesetzten Welt ein »noch ganz unbestimmte(s) Geschehen« (WW X, 113) ohne klare Kontur. Es ist am ehesten mit einem im ständigen Übergang von Schlafen und Wachen begriffenen seelischen Dämmerzustand oder dem Traumleben der Seele zu vergleichen, in welchem die Grenzen zwischen Selbst und Welt verfließen

....

21 Von seiner natürlichen Herkunft her und nach seiner Naturseite hin hat der Mensch am animalischen Trieb Anteil, der das Geschlechtsverhältnis und Gattungsverhalten entwickelter Tiere bestimmt. Indem sich zwei Einzelwesen verschiedenen Geschlechts – vom Sexualtrieb naturhaft zueinander getrieben – paaren und begatten, reproduzieren sie die Gattung und kompensieren auf lustvolle Weise die Todverfallenheit ihrer Individualität, indem sie gemeinsam ein neues individuelles Exemplar ihrer Gattung generieren. Bleibt das Gattungswesen im Tierreich unbegriffen und jedes Einzelexemplar bloßes Moment seiner Art, so nimmt das Geschlechts- und Gattungsverhalten des Menschen die Gestalt eines Sichverhaltens an, was eine Triebhemmung gewissermaßen zwangsläufig mit sich führt und zugleich den Grund darbietet für vielerlei humane Abweichungen von »natürlicher« Sexualität. Bleiben Tiere dem Gattungsverhältnis untergeordnet, um ihren Trieben mit Notwendigkeit zu gehorchen, ist der Mensch dazu bestimmt, sein Triebleben zu beherrschen und frei zu gestalten. Statt der schlechten Unendlichkeit einer – durch beständigen Wechsel von Leben und Tod vorangetriebenen – Generationenfolge und einer – ihr entsprechenden – Sexualität zu frönen, die von Begierde zu Genuss jagt, um im Genuss nach Begierde zu schmachten, gehört es zum Wesen des Menschen, den tierisch-naturhaften Charakter des Geschlechtsverhältnisses zu transzendieren. Wie das zu geschehen hat, ist von Hegel unter vielen anthropologischen Aspekten und in seinen Grundlinien der Philosophie des Rechts insbesondere unter dem Gesichtspunkt von Ehe und Familie entfaltet worden (vgl. im Detail: E. Bockenheimer, Hegels Familien- und Geschlechtertheorie, Hamburg 2013).

22 Um Feministinnen und Feministen nicht unnötig zu provozieren, sei übergangen, was Hegel über die sog. natürlichen Charaktereigenschaften von Mann und Frau und ihr geschlechtsspezifisches Naturell ausführt. Interessenten seien z. B. auf GW 25/2, 631ff. verwiesen, wo es u. a. heißt: »Staat Wissenschaft hohes Kunstwerk zu dem Allen gehört eine Idee, ein Allgemeines in der Phantasie zu bilden, das kann die Frau nicht – Homer, Sophocles, Raphael, Mozart Gluck waren Männer.« (GW 25/2, 632f.) Kostproben dieser Art ließen sich viele geben.

93

und noch nicht verständig bestimmt sind, so dass die auftretenden Vorstellungen sich im Nebulösen verflüchtigen.

Im Schlaf ist die Seele allen differenten Eindrücken, welche ihre Umwelt im Wachen auf sie macht, entzogen und ganz in eine unterschiedslose Einheit versenkt, in deren Indifferenz Selbst und Welt zusammenfallen. Die schlafende Seele unterscheidet »sich weder in sich selbst noch von der Außenwelt« (WW X, 115). Um einschlafen zu können, sollte man sich daher am besten in die Horizontale begeben, ruhig daliegen und unaufgeregt atmen, die Augen und die Ohren schließen und möglichst an nichts oder an etwas Langweiliges bzw. stereotyp sich Wiederholendes denken. Beständige Wiederholung abstrahiert von aller Novität und macht daher schläfrig. »So kann die einförmige Bewegung des Wiegens, eintöniges Singen, das Gemurmel eines Baches Schläfrigkeit in uns hervorbringen. Dieselbe Wirkung entsteht durch die Faselei, durch unzusammenhängende, gehaltlose Erzählungen.« (WW X, 115f.)

Eigens erwähnt wird von Hegel das Beispiel Jean Pauls, der seine Kinder allabendlich einzuschläfern suchte, »indem er ihnen einen tollen Roman vor macht, ohne allen Zusammenhang, Bilder ohne Verstand, Zufälligkeiten, an diesen Bildern die so sind wie die des Traumes geht er fort, macht man sich da hinein, so giebt man seine Besonnenheit mit Willen auf und bringt sich so zum Schlaf. Kinder kann man leicht so unterhalten und einschläfern. Man kann dieß so an sich beobachten, kann ein doppeltes, ein waches und ein schlafendes Bewußtsein haben und so dem Taumel so zu sagen zu sehen.« (GW 25/1, 277) Anlass zu ähnlichen Beobachtungen können nach Hegel Situationen geben, in denen der Unterschied zwischen Wachen und Schlafen verschwimmt und nicht eindeutig zu sagen ist, ob man wacht oder träumt. Methodisch sind diese Hinweise insofern interessant, als sie die Aufforderung an das Bewusstsein enthalten, sich in die Nähe der Bewusstlosigkeit zu begeben, um erheben zu können, was es mit dem Un-, Unter- und Vorbewussten auf sich hat.

3. Sensibles Wesen, oder: Empfinden als unmittelbares Innewerden der Innen-Außen-Differenz

Napoleon soll bei Gelegenheit versucht haben, Philosophen mit der Vexierfrage aufs Glatteis zu führen, »wie Schlaf und Wachen unterschieden« (GW 25/1, 269; vgl. GW 25/2, 639) seien. Nach Hegels Urteil hat er mit der Art seiner Fragestellung »die Sache vernichtet« (ebd.) und eine angemessene Antwort von vorneherein unmöglich gemacht. Warum? Weil die Frage unbedacht gestellt ist bzw. nicht bedenkt, sondern stillschweigend verschleiert, dass ein Unterschied von Wachen und Schlafen nur im Wachen, aber nicht im Schlafen zu treffen ist, dessen Indifferenz den eigentlichen Unterschied zur Differenziertheit des Wachbewusstseins bzw. des wachen Empfindens ausmacht. Schlafende können beim Schlafen fremdbeobachtet werden. Zur Selbstbeobachtung sind sie nicht fähig, und auch ein Traum bietet die Möglichkeit konturierter Wahrnehmung von Ich und Welt allenfalls ansatzweise und im Modus des Ahnens.

94

Was Schlaf als Schlaf ist, können wir nicht wissen, weil der, welcher allein es wissen könnte, kein Bewusstsein davon hat, sofern er schläft. Mit Hegel zu reden: »Bei dem psychologischen Unterschied von Schlaf und Wachen kommen wir in die Verlegenheit, daß, wenn wir bestimmt davon sprechen wollen, wir das Bewußtsein voraussetzen, oder von Verhältnissen sprechen müssen die erst mit dem Bewußtsein, der Vorstellung gesetzt sind, wir müssen also anticipiren, daß wir wissen was Bewußtsein und Vorstellung ist.« (GW 25/1, 267) Indes darf der Vollzug dieser Antizipation nicht vergessen lassen, dass sich das bewusstlose bzw. vor- oder unterbewusste Seelenleben dem Bewusstsein entzieht, wovon am ehesten der alltägliche Vorgang des Einschlafens und des Dahindämmerns eine approximative Vorstellung vermittelt, wenn man den Vorstellungsbegriff hier überhaupt verwenden will.

Aufschlussreich ist, dass der Schlaf in jedem Fall sowohl von der körperlichen als auch von der geistig-seelischen Seite her eintritt, um mit erfolgtem Eintritt beider Differenz zum Verschwinden zu bringen. »Der Schlaf kann kommen aus der Schwäche des Geistes, wie auch aus der Ermüdung des Körpers.« (GW 25/1, 270) Wenn er aber kommt, vereinigt er beide, um offenbar gerade so den ermüdeten Körper zu stärken und die Geistesschwäche auf natürliche Weise zu beheben. Erst wenn wir erwachen, werden wir dessen allmählich gewahr, wobei es sich beim ersten Empfinden, mit Hegel zu reden, erst »um das bloße Finden ohne concrete Bestimmung« (GW 25/1, 42) handelt.

Erwachen ist ein evidentes, nicht falsifizierbares Indiz dafür, dass das Leben von Leib und Seele des Menschen im Schlafe fortdauert, wenngleich auf un-, vor- bzw. unterbewusste Weise und so, dass die willensbedingten Aktivitäten des Körpers ruhen. Zwar bleiben Atmung, Herztätigkeit, Blutkreislauf, Verdauung und einige sonstige Organfunktionen in Gang; andere Leibvollzüge hingegen kommen zum Stillstand – sieht man einmal vom Schlafwandeln, das Hegels besonderes Interesse auf sich zog, und vergleichbaren Abnormitäten ab. Auch die leibhafte Gegenstandswelt ist, wie es scheint, im Schlafe abhanden gekommen. Zwar meldet sie sich im Traum bei der Seele zurück, aber auf eine vom seelischen Selbst nicht klar unterscheidbare, vielfach unzusammenhängende, nur assoziativ verknüpfte und kategorial unbestimmte Weise. Erst im Erwachen kommt das menschliche Seelenleben zu sich, um sich zugleich leibhaft in der Welt einzufinden und eine erste Empfindung davon zu hegen, was der Fall ist.

Das ursprüngliche Empfinden besteht in einem unmittelbaren Innesein der Differenz von Innen und Außen.[23] »Indem wir erwachen, finden wir uns zunächst in einem ganz unbestimmten Unterschiedenseyn von der Außenwelt überhaupt. Erst, wenn wir anfangen zu empfinden, wird dieser Unterschied zu einem *bestimmten*.« (WW X, 122) Die primäre Empfindung hat »die Form des dumpfen Webens des Geistes in seiner bewußt- und verstandlosen Individualität« (WW X, 122f.). Sie ist die unmittelbarste Weise sinnlicher Rührung, ohne bereits durch distinkte und spezifische Sinne vermittelt zu sein. Als »schlechteste Form des Geistes« (WW X, 126) ist die Empfindung noch nicht zu jenem Gefühl vorgedrungen, in welchem die Seele wahrhaft ihrer selbst und ihrer wirklichen Einheit mit ihrem Leibe im Unterschied zur sonstigen Welt gewahrgeworden ist. Damit es dazu komme, bedarf es der sinnlichen Differenzierung der Grundempfindung mittels der fünf Sinne von Sehen und Hören, Schmecken und Riechen sowie von taktilem Fühlen.

Hegels Theorie der Sinnlichkeit im Allgemeinen und der fünf Sinne im Besonderen zeichnet sich durch ihre zugleich psychologische und physiologische Anlage aus. Um sehen zu können, bedarf es der Augen, um hören zu können der Ohren, zur Kompetenz des Riechens und Schmeckens spezifischer Riech- und Schmeckorgane sowie taktiler Ausstattungen, um zum Berührungsempfinden fähig zu sein. Doch macht das Auge noch kein Gesicht, das Ohr kein Gehör etc. Eine bestimmte Schau und ein reales Hörerlebnis usf. stellen sich erst unter den Bedingungen psychophysischen Zusammenwirkens ein, wobei unter den Bedingungen bloßen Empfindens erstens die Differenz der fünf Sinne in ihrer Unterschiedenheit und zweitens die Einheitlichkeit ihres konkreten Zusammenwirkens unklar bleibt. Die bloße Empfindung hat, wenn man so will, noch kein wirkliches Gefühl dafür entwickelt, wie die pluralen Sinne des Leibes seelisch zu vereinbaren sind. Dies muss bedacht sein, wenn es in Bezug auf äußeres und inneres Empfinden sowie die vorbewusste Beziehung beider nicht voweg zu Fehlurteilen kommen soll. »Wir sind gewohnt nach unserer Reflexion so zu sprechen, es sind äusserliche Dinge vorhanden, sie machen einen Eindruck auf uns, so empfinden wir sie. Aber ein solcher Unterschied, solche äusserlichen Gegenstände, solche Gegensätze sind hier noch nicht vorhanden, sie gehören dem Bewußtsein an, und wir haben es hier nur mit dem Natürlichen zu thun, nicht mit Objekten, Dingen pp.« (GW 25/1, 288)

Es wäre interessant, Hegels Empfindungslehre sowie seine Theorie der fünf Sinne und ihrer differenzierten Einheit im Einzelnen zu entfalten. Doch muss die Feststellung genügen, dass er die Sinne des Menschen in drei Klassen unterteilt, nämlich diejenige der physischen Idealität, der Sehen und

....

23 Die Seele, wie sie leibt und lebt, ist in der Empfindung zwar irgendwie ihrer selbst und des Unterschieds zu dem inne, was sie nicht unmittelbar selbst ist, aber auf ganz rudimentäre Weise. Die empfindende Seele »ist noch nicht fähig, sich irgendetwas ,vom Leibe zu halten', sich von einem Eindruck oder einem psychosomatischen Zustand zu distanzieren« (L. Siep, Leiblichkeit, Selbstgefühl und Personalität in Hegels Philosophie des Geistes, in: L. Eley [Hg.], a.a.O., 203–226, hier: 209). Dass das erste Empfinden eher einem tastenden Finden gleicht als einer entwickelten Empfindung, kann jeder selbst am alltäglichen Erwachen nacherleben: »Im Erwachen finden wir erst uns und die Gegenstände, empfinden noch nicht, noch weniger ist es Bewußtsein. In Rücksicht auf das Empfinden findet näher dieser Unterschied statt, beim Erwachen finden wir Gegenstände, aber empfinden sie nicht, wir fragen: wache ich oder träume ich? man weiß es nicht, man fühlt, faßt sich an, ob man sich empfindet, ob man Gegenstände empfindet, man untersucht ob man für sich ist, dieß ist der Fortgang zur Empfindung, das Erwachen aber ist noch nicht dieser Fortgang, beim Erwachen ist erst das Verhältniß daß Anderes für mich ist, aber daß das Subjekt, die individuelle Seele seiner sich nicht vergewissert hat, diese Vergewisserung ist erst die Empfindung.« (GW 25/1, 263f.)

Hören, derjenigen realer Differenz, der Geruch und Geschmack, sowie derjenigen, der das Gefühl als der, wie es heißt, »Sinn der *concreten* Totalität« (WW X, 130) zugeordnet wird. Das Gefühl als der eine und einzige Sinn, den die dritte Sinnlichkeitsklasse enthält, ist Hegel zufolge von allen Sinnen der konkreteste, sofern recht eigentlich erst mittels des Tastsinns »ein für sich bestehendes Anderes« (WW X, 133) der Seele leibhaft präsent wird.[24] Bleibt hinzuzufügen, dass das natürliche Leben seelischer Empfindung in sinnlicher Hinsicht nicht nur qualitativ, nämlich durch verschiedene Sinne, sondern auch quantitativ, nämlich durch Stärke und Schwäche des jeweiligen sinnlichen Eindrucks bestimmt ist. Dieser muss ein bestimmtes Maß einhalten, um überhaupt wahrgenommen werden zu können. Zu ergänzen ist weiterhin, dass sich die Äußerlichkeit leiblicher Sinneswahrnehmungen vom inneren Seelenleben nicht trennen lässt, weil sinnlicher Außeneindruck und inneres Sinnesempfinden in aller Unterschiedenheit eins sind.

Außen- und Innensphäre des Empfindens bilden in allen Dimensionen der Sinnlichkeit eine differenzierte Einheit, die aber in ihrer Einheitlichkeit noch nicht zu Bewusstsein kommt, sondern vorbewusst bleibt. Exemplifiziert wird dies an Farbeindrücken, Tönungen etc., die eine bestimmte Stimmung hervorrufen bzw. durch sie hervorgerufen werden. Entäußerungen des inneren Gestimmtseins der vorbewussten Seele finden in unwillkürlichen Vollzügen wie des Lachens, des Weinens oder in vergleichbaren »Verleiblichungen des Geistigen« (WW X, 143) statt.[25] Während sich im Lachen »die zum ungetrübten Genuß ihrer selbst gelangende Subjektivität« (WW X, 144) leiblich äußert bzw. entäußert, ist Weinen ein Ausdruck der Betrübnis und des Schmerzes – es sei denn, man weint vor Lachen. In beiden Fällen, sowohl des Lachens als auch des Weinens, tragen die vergossenen Tränen zur Lösung

----

24 Ausführlicher dargestellt ist Hegels Theorie der fünf äußerlichen Sinne etwa in GW 25/1, 53ff. Im Gesicht lichtet sich der Raum, um im Gehör gezeitigt zu werden. Geruch und Geschmack sind Sinne des ineinander verfließenden Raumzeitlichen, wohingegen das Gefühl als »Getaste« (GW 25/1, 25) dem Unterschied zwischen äußerem und innerem Empfinden erstmals eine gewisse Stabilität verleiht. Das Gefühl tastet sich, wenn man so will, an die Differenz von Selbst und Welt heran, wodurch die Welt die Form gegenständlicher Materialität annimmt. Vgl. ferner GW 25/2, 655ff.: Das Gesicht als »Sinn des ... physikalischen Raums« (GW 25/2, 657; Kursivierung ist nicht wiedergegeben.) und das Gehör als »Sinn der physikalischen Zeit« (ebd.) gelten Hegel als empfindungslos, weil Sehen und Hören ohne Innewerden dessen stattfinden, dass gesehen und gehört wird. Im Riechen und Schmecken sei dies bereits anders, bis sich im Tastsinn des Gefühls ein echtes Empfinden einstellt: »da fühlen wir den Gegenstand als ein für sich seiendes und uns dagegen auch als ein für uns seiendes; sie leisten uns, wir ihnen Gegenstand.« (GW 25/2, 660) Mit dem durch den Tastsinn zum Gefühl entwickelten Empfinden ist unmittelbar die Wahrnehmung des Unterschieds von Angenehmem und Unangenehmem verbunden (vgl. GW 21/2, 661). Sie erfolgt präreflexiv. Um Schmerz oder Lust zu empfinden, bedarf es keiner Überlegung. Schmerz und Lust können mithin auch nicht reflexiv in Frage gestellt werden. Ihr Empfinden ist auf nicht falsifizierbare Weise evident. Von außen her umschreiben lässt sich die Differenz von angenehmer und unangenehmer Empfindung etwa folgendermaßen: Angenehme Empfindungen bestehen in einem unmittelbaren Innesein der Innen-Außen-Differenz unter der Dominanz des Inneren; im Unangenehmen dominiert das Äußere, das mithin als widrig empfunden wird. Anzumerken ist abschließend, dass sich Hegel auf keine festgelegte Gliederung der fünf Sinne fixiert und ihre Zuordnung variabel gestaltet. Er kann beispielsweise das Gefühl mit dem Sehen verbinden und das Hören an die letzte und abschließende Stelle setzen (vgl. GW 25/1, 289ff.). Auch verdient es bemerkt zu werden, dass Hegel dem Begriff der Sinne weniger denjenigen der Sinnlichkeit, sondern den des Sinnens und Sinnierens zuordnet. Vgl. dazu die Bemerkungen über den sinnigen Menschen in GW 25/1, 293ff., in dem »die Vernunft instinktartig thätig ist« (GW 25/1, 293).

25 Hinweise auf Verleiblichungen von Geistigem enthalten zahlreiche Redewendungen, die davon sprechen, dass etwas an die Nieren geht, auf den Magen schlägt oder die Haare zu Berge stehen lässt. Man erblasst vor Furcht, während Scham und Freude zum Erröten bringen. Auch die explizite Sprache der Empfindung ist noch nicht spezifisch artikuliert, ohne doch dadurch ihre eigentümliche Bedeutung einzubüßen. Dies zeigt sich am Lachen und am Weinen, aber auch am »Gähnen, Aechzen, Schluchzen« (GW 25/1, 299).

der sie veranlassenden Spannung bei, womit der psychosomatische Zusammenhang von seelischem Befinden und leiblicher Verfassung aufs Deutlichste veranschaulicht wird.

Dass es die Augen sind, aus denen die Tränen fließen, damit durch ein Wasserlassen der höheren Art Seelenschmerzen bzw. -freuden sich entspannen, liegt nach Hegel darin begründet, dass das Gesicht sowohl Primärorgan äußeren Empfindens als auch derjenige Ort sei, »an welchem sich die Seele auf die *einfachste* Weise offenbart, da der Ausdruck des Auges das flüchtige, gleichsam hingehauchte Gemälde der Seele darstellt; – weßhalb eben die Menschen, um sich gegenseitig zu erkennen, einander zuerst in die Augen sehen.« (WW X, 145f.) Damit soll nicht in Abrede gestellt werden, dass sich das natürliche Seelenleben des Menschen auch durch Erzeugung von Tönen leiblichen Ausdruck und unmittelbares Gehör verschafft wie durch den Schmerzensschrei oder das ungebremste Jauchzen des Jubels. Bei Lautäußerungen dieser Art handelt es sich nicht um Verlautbarungen artikulierten Sprechens, sondern um unwillkürliche und vorbewusste Äußerungen, in denen innere Empfindungen gewissermaßen präverbal zu Worte kommen. Förmliches Sprechen und die Ausbildung von Wörtern und Sätzen hingegen setzen zumindest virtuell »die Energie der Intelligenz und des Willens« (WW X, 147) voraus. Entsprechend gibt es neben den unwillkürlichen und vorbewussten willentlich und bewusst zum Einsatz gebrachte Formen beispielsweise des Lachens wie das feine Lächeln, das Schmunzeln oder aber das Auslachen durch Hohngelächter. Schwerer fällt es, bewusst und willkürlich zu weinen, wenngleich es auch hierzu die Möglichkeit gibt, deren Realisierung allerdings die Frage hervorruft, ob die vergossenen Tränen echt sind.

Im Stadium bloßer Empfindung bleibt das Leben der Menschenseele noch weitgehend naturverhaftet; ihr Leibverhältnis ist noch nicht in sich reflektiert, sondern von vorbewusster und unwillkürlicher Unmittelbarkeit. Die natürliche Seele, wie Hegel sie nennt, hat noch kein klares und beständiges Gefühl ihrer selbst im differenzierten Zusammenhang mit ihrem Leib und der leibhaften Welt entwickelt, wie sie sinnlich präsent ist. Sie befindet sich in einem Dämmerzustand, in welchem Licht und Finsternis, Wachen und Schlafen noch nicht eindeutig geschieden sind. Diese Ambivalenz wird erst durch die fühlende Seele behoben, deren Entwicklungsstatus nicht mehr derjenige einer vermittlungslosen, sondern einer vermittelten Unmittelbarkeit ist. Das natürliche Seelenleben tritt aus der Naturallgemeinheit heraus und besondert sich allem bloß Natürlichen gegenüber, ohne bereits zu entwickeltem Welt- und Selbstbewusstsein zu gelangen.

4. Sympathische Aufgeschlossenheit, oder: Die fühlende Menschenseele

Um sich von ihrer unmittelbaren Naturbestimmtheit zu emanzipieren und aus der Dumpfheit bloßen Empfindens herauszuentwickeln, muss die Menschenseele sich gegen ihre ursprüngliche Natur wenden und, wenn man so will, in den Status der Verrücktheit eintreten. In der Erstauflage der Enzyklopädie ist der zweite Teil der Anthropologie entsprechend mit dem Titel »Der Gegensatz der subjectiven Seele gegen ihre Substantialität« (GW 13, 188) versehen. Der Gegensatz hebt an mit einem bloß formellen Für-Sich-Sein der Seele, wie es sich im Träumen und »Ahnden« manifestiert. In der Erstauflage der Enyzklopädie ist der zweite Anthropologieteil daher mit der Wendung »Die träumende Seele« (GW 19, 302) überschrieben. Erst in der Drittauflage von 1830 wird insgesamt von der fühlenden Seele gesprochen. In ihrer anfänglichen Unmittelbarkeit lebt sie wie im Traum und befindet sich in einem »magische(n) Verhältniß« (GW 13, 188), dessen primitiver Zauber gebrochen werden muss, damit es zu echtem Selbstgefühl kommt.

Die Menschenseele muss gleichsam verrückt werden und sich von ihrer Natürlichkeit entfremden, um die ihr eigentümliche Realität anzunehmen. Zur Illustration sei vermerkt, was Hegel über die infantile Herkunftsgeschichte des einzelnen Menschen und des Menschengeschlechts ausführt. Der vermeintlich paradiesische Urzustand der Natur muss verlassen und pubertär oder wie auch immer gebrochen werden, damit der Einzelne und die Menschheit erwachsen werden. Rousseau und jedem Naturburschen ist mitsamt seiner vermeintlichen Unschuld vom Lande der Abschied zu geben, auch wenn dies in den schmerzlichen Zustand der Entfremdung, der Zerrüttung, ja der Verrücktheit führt. Verrücktheit ist nach Hegel »eine notwendige Stufe in der Entwicklung der Seele«[26] und »weniger ein pathologischer Zustand«[27], zu dem sie erst wird, wenn der Geist auf ihrer Stufe stehen bleibt bzw. auf sie regrediert. Die Gewohnheit hilft ihr dabei, dass dies nicht geschehe.

Mit der gegebenen Skizze ist der Gang, den die Entwicklung der Menschenseele nach Maßgabe des zweiten Kapitels der Hegel'schen Anthropologie zu nehmen hat, im Wesentlichen umschrieben. Sie hat aus der passiven Totalität (vgl. GW 19, 304) träumerischen Seins und aus dem symbiotischen Naturverhältnis herauszutreten, wie es etwa die Beziehung des Kleinkinds zur Mutter bestimmt (GW 19, 305: »Die Mutter ist der *Genius* des Kindes.«), um im Durchgang durch »Ver-Rücktheit« und »Ex-Zentrizität« eine Seele zu werden, die wirklich fühlt und damit auch ein Gefühl für sich selbst und für die davon unterschiedene leibliche Welt entwickelt. Um die Entwicklungsmomente der fühlenden Seele im Einzelnen zu entfalten und beim ersten zu beginnen: Im Gefühl, das der subjektive Geist in vermittelter Unmittelbarkeit hegt, sind alle unmittelbaren Empfindungen aufgehoben und dergestalt verinnerlicht, dass die Seele aller äußeren Bestimmtheiten als Bestimmungen ihrer selbst innewird, jedoch nur ahnungsweise und noch nicht in Form bewusster Erinnerung. Zwar hat die fühlende See-le eine Ahnung von dem Selbst-Welt-Verhältnis, welches das bewusste Leben kennzeichnen wird. Aber sie ahnt nur, was auf sie zukommt, ohne bereits über ein distinktes Bewusstsein von Selbst und Welt zu verfügen, wozu sie erst im Laufe ihrer Entwicklung gelangt. Hegel beschreibt den Entwick-lungsverlauf vom Gefühl zum Bewusstsein als einen »Befreiungskampf, welchen die Seele gegen die Unmittelbarkeit ihres substantiellen Inhalts durchzufechten hat, um ihrer selbst vollkommen mächtig und ihrem Begriff entsprechend zu werden, – um sich zu Dem zu machen, was sie *an sich* oder ihrem *Begriffe* nach ist, nämlich zu der im Ich existirenden sich auf sich beziehenden *einfachen Subjektivi-tät*.« (WW X, 154)

Auf der Anfangsstufe ihrer Entwicklung befindet sich die fühlende Seele in einem noch gänzlich unbe-fangenen Verhältnis zu sich und zu ihrem Gefühl, das ihr in ungebrochener Unmittelbarkeit präsent ist. Kennzeichnend für ihre Unbefangenheit ist der naive Umgang, den die fühlende Seele mit ihrem

26 A. Masullo, Das Unbewusste in Hegels Philosophie des subjektiven Geistes, in: D. Henrich (Hg.), Hegels philosophi-sche Psychologie, 27–63, hier: 58.

27 Ebd.

Gefühl und dem in diesem Gefühlten pflegt. Die Einheit von Subjekt und Objekt, Selbst und Welt wird mehr oder minder fraglos vorausgesetzt. Zwar ahnt die fühlende Seele, dass es bei ihrer ahnungslosen Naivität nicht bleiben kann. Doch muss sie erst in Widerspruch mit sich selbst geraten, um über ihre Unmittelbarkeit hinaus zu manifestem Selbstgefühl zu gelangen. Bis dahin verbleibt sie in einem gleichsam magischen Zustand, wie Hegel es nennt. Vergegenwärtigen kann man sich die Magie unmittelbaren Fühlens durch Erinnerung beispielsweise an vergangene Kindertage, deren Vergangenheit indes ein prinzipielles Indiz dafür ist, dass die Kindheit des subjektiven Geistes vergehen *muss*. Wer als Erwachsener kindlich sein und bleiben will, wird kindisch werden. Dies will als Gleichnis dafür verstanden sein, dass die fühlende Seele notwendig dazu bestimmt ist, zu vergehen bzw. aufgehoben zu werden in eine höhere Geistesgegenwart, nämlich diejenige des Bewusstseins.[28]

Der Prozess allmählichen Bewusstwerdens der fühlenden Seele gleicht Hegel zufolge einer Paradiesvertreibung. Dem Mutterleib entnommen und aus dem Traumland ungebrochener Natürlichkeit vertrieben, zu der sie sich wie ein Akzidenz zur Substanz verhielt (vgl. GW 25/2, 677), entfremdet sich die fühlende Seele zuletzt auch fortschreitend von dem, was Hegel ihren Genius nennt. Von ihm wird die fühlende Seele im Status ihrer anfänglichen Unmittelbarkeit auf eine Weise bestimmt, die »mit der Abhängigkeit des Fötus von der Seele der Mutter, oder mit der passiven Art verglichen werden kann, wie im Träumen die Seele zur Vorstellung ihrer individuellen Welt gelangt« (WW X, 168). Auch mit der sprichwörtlichen Unschuld vom Lande oder dem bereits erwähnten Naturburschen ließe sich die mit ihrem Genius ungebrochen einige Seele vergleichen, würden die ironischen Implikationen dieses Vergleichs nicht bereits auf ein seelisches Entwicklungsstadium vorausweisen, dem die natürliche Unschuld abhanden gekommen ist und zwar gründlich.

---

28 In seinen Betrachtungen zum fühlenden Subjekt in seiner Unmittelbarkeit (vgl. GW 25/1, 309) bietet Hegel manches, was skurril anmuten mag, etwa eine elaborierte Theorie von Visionen, in denen Dinge gesehen werden, denen nichts in der gegenständlichen Erfahrungswelt korrespondiert. »Nicolai, dieser berühmte Buchhändler und Gelehrte und der Kriegsrath Scheffner haben dergleichen Visionen gehabt bei wachen Sinnen und sie beschrieben, sie haben Gegenstände vor Augen gehabt und zugleich das Bewußtsein daß sie nur Phantome sind; in Ansehung des Sehens konnten sie diesen Unterschied nicht machen, nur weil der Zusammenhang worin sich die Gegenstände befanden, ihrer Besonnenheit widersprach, sahen sie ihnen mit dem richtigen Bewußtsein daß es nur Erscheinungen wären gelassen zu. Die Einbildung hat innerlich etwas vor sich, es ist ein Moment der Leiblichkeit darin und die Krankheit kann so weit fortgehen daß sie förmliches Sehen wird, die Leiblichkeit hat hier zu wenig Kräftigkeit um sich dieser bloßen Einbildung zu verweigern, es sind Bilder die nicht als subjektive Vorstellungen erhalten werden, eine Unmacht der Leiblichkeit die sich nicht in der Vorstellung halten kann, daß es nur Bilder sind, die so fortgeht zum Sehen.« (GW 25/1, 326f.) Zu dem, »was man in Schottland das zweite Gesicht, Second-sight nennt« (GW 25/1, 331: »auch in Westphalen hat es oft Individuen gegeben und gibt ihrer noch, die das gehabt haben«), vgl. GW 25/1, 331f., zur Todesahnung des 1768 in Triest ermordeten Archäologen Johann Joachim Winckelmann vgl. GW 25/1, 332. Bemerkenswert ist, dass Hegel mit latenten Wissensbeständen rechnet, von denen wir kein Bewusstsein haben: »Es ist also der Fall daß so etwas gewußt wird, wovon wir nichts wissen nach der verständigen Weise des Bewußtseins. Man kann fragen haben wir solche Kenntnisse oder haben wir sie nicht, wir haben sie, sie sind niedergelegt in den Schacht unseres Innern, aber wir haben sie auch nicht indem wir nicht Meister darüber sind. Dieß ist hier der Fall, es ist dergleichen nicht in der Gewalt meines Bewußtseins, es kommt aber zum Dasein ohne die Weise der Vermittelung in der ich Gewalt darüber habe. Die Erinnerungen der Jugendzeit die im Innersten geschlafen haben kommen so in Krankheiten wieder hervor. Durch Nervenfieber haben Menschen das Gedächtniß verloren die es erst nach körperlicher Kräftigung wieder erlangt. So wurde ein Knabe der von einem Schlag auf den Kopf blödsinnig geworden war, magnetisch kurirt, er erhielt Erinnerung wieder und thaute gleichsam auf.« (GW 25/1, 328)

Der Verlust ihrer Unmittelbarkeit schmerzt die natürliche Seele zutiefst und bringt sie in Widerspruch zu ihrer ursprünglichen Natürlichkeit, aus der sie herausfällt und zwar in einen Abgrund hinein, wie er bodenloser nicht sein könnte. Es ist zum Verrücktwerden. Tatsächlich kann Hegel diejenige Entwicklungsstufe der fühlenden Seele, die sie aus ihrer Unmittelbarkeit herausführt, den »Standpunkt der *Verrücktheit*« (WW X, 154) nennen. Als Durchgangsmoment hin zu seelischem Selbstgefühl notwendig nimmt besagter Standpunkt krankhafte Formen an, wenn die Seele auf ihm unbewusst und unwillkürlich insistiert, um sich in ihm einzuhausen: »der Mensch bleibt in der Verrücktheit in einem ungesunden Zustand der Entzweiung fixirt. Der Verrückte will Besondres in dieser Neigung, kehrt nicht zurück in die Totalität seines Selbstgefühls.« (GW 25/2, 706; Kursivierungen sind nicht wiedergegeben.) Hegels Theorie der Seelen- bzw. Geisteskrankheiten gehört in diesen Kontext. Das Entstehen psychischer Erkrankungen ist seinem Urteil zufolge durch naturhafte Selbstinsistenz der ihrer natürlichen Ursprünglichkeit entfremdeten Seele und dem dadurch bewirkten Entzug der Möglichkeit geistiger Fortentwicklung bedingt.

Die kranke Seele sitzt einem inneren Widerspruch auf, nimmt den Schein für das Wesen und gelangt so in ein geistwidriges Verhältnis zu sich selbst und zu ihrer Welt, was zwar nicht den Charakter der Schuld, wohl aber den eines fatalen Verhängnisses hat. Interessant ist, dass Hegel im gegebenen Zusammenhang ausdrücklich psychosomatisch argumentiert. Die Krankheit der Seele sei mit derjenigen des Leibes »nicht bloß zu *vergleichen*, sondern mehr oder weniger mit derselben *verknüpft*, weil bei dem Sichlosreißen des Seelenhaften vom Geiste, die dem letzteren sowohl als dem ersteren zur empirischen Existenz nothwendige Leiblichkeit sich an diese zwei außereinandertretenden Seiten vertheilt, sonach selber zu etwas in sich Getrenntem, also Krankhaftem wird« (WW X, 175).

Es sei Berufeneren überlassen, die mannigfaltigen Krankheitsformen und Gebrechen, die sich nach Hegel aus dem verhängnisvollen »Außeinandertreten des Seelenhaften und des objektiven Bewußtseyns« (WW X, 176) ergeben, im Einzelnen zu untersuchen und zu beurteilen. Als »*Hauptformen* der Verrücktheit« (WW X, 220) werden erstens sog. natürlicher Blödsinn bzw. Cretinismus, Zerstreutheit im Sinne von »*Nichtwissen* von der *unmittelbaren Gegenwart*« (WW X, 221) sowie faselndes Taumeln von einem Gegenstand zum andern benannt, zweitens »*die eigentliche Narrheit*« (WW X, 223), die im Unterschied zum sog. Blödsinn nicht in den Abgrund des Unbestimmten versinkt, sondern sich auf einen bestimmten Inhalt fixiert, um sich in ihm nicht nur nicht zu erkennen, sondern zu verkennen, ohne ein Bewusstsein davon zu haben. An allerlei Fällen von sog. Narrheit krankhafter Art wird dies illustriert, etwa an solchen Patienten, die sich, ohne von dem Widerspruch zu wissen, in den sie sich dadurch bringen, »für *Gott*, für *Christus*, oder für einen *König* gehalten haben« (WW X, 226).

Als dritte Hauptform des verrückten Zustands kommen schließlich in Betracht, was Hegel Tollheit und Wahnsinn nennt, bei denen der Verrückte »*selber* von seinem Auseinandergerissenseyn in zwei sich gegenseitig widersprechende Weisen des Bewußtseyns weiß« (ebd.), ohne dass ihm dieses Wissen dazu verhelfen könnte, seine aus den Fugen geratene Existenz zu einem geordneten Ganzen zusammenzufügen. Stummes Insichversenktsein oder exaltierte Raserei sind nur scheinbar gegenläufige Konsequenzen wahnsinniger Selbstzerrissenheit, die hinabreicht bis ins Körperliche und den Betroffenen gewissermaßen mit Haut und Haaren erfasst sowie bis ins Mark hinein erschüttert. Ärzte des

Leibes und der Seele und insbesondere Vertreter der psychosomatischen Medizin werden zu beurteilen wissen, inwieweit diese Analysen ihre Richtigkeit haben. Ihnen sei auch das Urteil bezüglich dessen überlassen, was Hegel im Kontext seiner Theorie krankhafter Verrücktheit über Somnambulismus und Veitstanz, Verzückungszustände und Formen von Wissen ohne vermittelndes Bewusstsein etc. sowie zu dem nach seinem Begründer Franz Anton Mesmer genannten Mesmerismus (vgl. etwa GW 25/1, 341ff.) schreibt, also zur Lehre vom sog. animalischen Magnetismus (vgl. GW 19, 306ff.; GW 20, 406ff. [magnetischer Somnambulismus]), die einst auch Goethes gespannte Aufmerksamkeit auf sich zog.

Unberücksichtigt bleiben sollen ferner die von Hegel vorgeschlagenen Heilungsverfahren, die nach seinem Urteil »theils *physisch*, theils *psychisch*« (WW X, 229) auszufallen haben, wobei die »Hauptsache ... immer die *psychische* Behandlung« (ebd.) bleibt. Ein »geschickter Seelenarzt« (ebd.) wie der französische Psychiater Philippe Pinel, dessen im Kontext einer philosophisch ausgerichteten Nosographie entfalteten Abhandlungen über Geistesverwirrung und Manie Hegel zum Besten erklärte, »das in diesem Fache existirt« (ebd.), habe durchaus Macht und Möglichkeit, Verrücktes zurechtzurücken und Patienten zu einem gesunden Selbstgefühl und zu einem Weltverhältnis zu verhelfen, welches als normal gelten dürfe. Eine Heilungskraft der besonderen Art schreibt Hegel im Übrigen einem treffenden Witz zu, dessen erhellende Wirkung, die ihm in aller Regel zukommt, sich auch in Ausnahmezuständen bestätigt: »So genas, z. B., ein sich für den heiligen Geist haltender Narr dadurch, dass ein anderer Narr zu ihm sagte: wie kannst denn Du der heilige Geist seyn? der bin ja ich.« (WW X, 234)

Hegels Lehre von der Verrücktheit als Krankheit des Selbstgefühls und den verschiedenen Formen wie Blödsinn, Narretei und Tollheit mutet nicht nur in terminologischer Hinsicht teilweise ebenso fremd und befremdlich an wie seine Theorie der Heilung psychopathologischer Zustände. Beide gehören der Historie an und können gewiss keinen unmittelbaren Anspruch auf aktuelle Geltung erheben. Bemerkenswert bleibt immerhin, dass zusammen mit der physisch-medizinischen, wie er sie nennt, auch der intrapsychischen Seite von Erkrankungen gebührende Aufmerksamkeit geschenkt und unter Voraussetzung psychosomatischer Einheit des Menschen für entsprechende Behandlungsmethoden plädiert wird. Mit Nachdruck fordert Hegel eine Professionalisierung und Sensibilisierung im Umgang mit seelisch-geistigen Erkrankungen. (»Früher hatte man die behandlung der Wahnsinnigen rohen Menschen überlassen, die in den Ausbrüchen des Wahnsinns Feindseligkeit gegen sich sahen und sich gegen die armen Wahnsinnigen durch Schläge rächten.« [GW 25/2, 719f.; Kursivierungen sind nicht wiedergegeben.]) Sog. Geisteskranke seien als vernunftbegabte Menschen zu achten und entsprechend zu behandeln. Ihre Krankheit sei kein Indiz des Mangels bzw. Fehlens ihrer Vernunftbegabung, sondern im Gegenteil eine Folge davon.

Verrückt werden könne kein Tier, aber jeder Mensch, weil die Möglichkeit dazu in der humanen Naturtranszendenz begründet liege. Dies gelte auch für die Bosheit, mit dem gravierenden Unterschied freilich, dass sie, auch wenn sie fatale Züge aufweise, als Schuld zuzurechnen sei, was bei einer Krankheit grundsätzlich nicht zutreffe und zwar deshalb nicht, weil ihre Ursache im Wesentlichen der vorbewussten Daseinssphäre angehöre. Dies gilt nach Hegel für körperliche ebenso wie für psychische

Erkrankungen, zwischen welchen zu unterscheiden, nicht aber zu trennen sei.[29] Das Themenfeld der Verrücktheit ist, wie jeder weiß, weit. Doch müssen die wenigen Anmerkungen genügen und zwar nicht zuletzt aus Gründen der Vermeidung jener Aberration, die neben der Zerstreutheit als spezifisch professoral zu gelten hat: diejenige der Faselei, von der es nach Hegel viele Stufen gibt, »so daß es schwer ist zu sagen, ob ein Faseler noch vernünftig ist oder schon zu Verrücktheit übergeht« (GW 25/2, 713).

5. Ganzer Mensch, oder: Die wirkliche Seele als psychosomatische Differenzeinheit

Zu manifestem Selbstgefühl und zu einer konturierten Besonderung ihres jeweiligen Gefühls gelangt die Seele, sobald sie sich über die Unmittelbarkeit ihrer selbst erhebt und das Gefühlte als *ihr* Gefühl und damit sich als fühlende identifiziert. Damit wird, wie das im unverrückten Falle zutrifft, das Gefühl zum herrschenden Genius seiner selbst sowie aller Gefühle und Empfindungen, die seine Welt ausmachen. Im Durchgang durch die Besonderung der Gefühle in sich selbst eingekehrt, findet die fühlende Seele in der Gewohnheit schließlich bleibenden Bestand und wird durch geübte Wiederholung und wiederholte Übung heimisch in sich, statt sich wild umherzutreiben bzw. umhergetrieben zu werden.[30]

....

29 Körperliche Krankheit heißt nach Hegel »nichts andres, als daß ein besondres System der Organe eine Thätigkeit gewinnt, wodurch der ganze Lauf der Organisation gehemmt; so kann nun im Selbstgefühl in seiner Leiblichkeit ein Knoten entstehen, und der ist auch zugleich ein Knoten in der Totalität der Vorstellung wogegen die Herrschaft des besonnenen bewußtseins nichts vermag.« (GW 25/2, 708f.) Der Bezug zu psychischen Erkrankungen ist damit bereits angezeigt, die ebenfalls desintegrierend wirken und Einfluss haben auf körperliche Befindlichkeiten. Es herrscht eine psychosomatische Wechselwirkung: »Man muß sich nicht vorstellen daß der Geist gesund sein kann, in einem ungesunden Körper, sondern die physische Gesundheit des Körpers hängt mit der metaphysischen, sogenannten Gesundheit des Geistes eng zusammen.« (GW 25/1, 387)

30 Erfolgreich gebändigt und domestiziert wird das menschliche Triebverlangen nicht durch Verdrängung, sondern durch Gewohnheit, die sich in Folge wiederholter Triebbefriedigung einstellt. »Der Trieb wird das erste Mal befriedigt, das zweite Mal ist es nur eine Wiederholung ohne Neues, eine Befriedigung die schon etwas bekanntes ist. Bei Thieren ist die Befriedigung immer eine erste, nicht bekannte, beim Geistigen ist sie schon bekannt, das Subjekt ist in der Befriedigung schon im voraus in sich erinnert. In der Wiederholung der Befriedigung ist uns alles schon bekannt, es ist kein besonderer Reiz mehr, er ist abgestumpft, das Interesse ist vermindert und so geschieht es daß der Trieb auf allgemeine Weise, der Trieb als solcher ein für alle male befriedigt ist.« (GW 21/1, 362f.) Zur »schwere(n) Bestimmung« (GW 21/1, 365) der Gewohnheit, die »vom Jetzt der Triebe befreit« (GW 21/1, 366) vgl. im Einzelnen GW 21/1, 365ff. Gewohnheit ermöglicht es, das Triebhafte sinnvoll in den Lebensvollzug zu integrieren, statt es abstrakt zu negieren. »Es ist einfältig, wenn man vom Ausrotten der Triebe spricht, es wird dabei eine falsche Negation gegen den Trieb als allgemeinen gesetzt, so ist er aber bestimmtes Moment der Idee der Lebendigkeit, ist darin enthalten als allgemeines Moment und so ist er zu respektiren als Moment der Idee, er ist so in seiner Wahrheit, und wenn dieß Allgemeine verletzt wird, es ist fest in der Idee, so kehrt es sich als Feind gegen das Invidiuum.« (GW 21/1, 370)

Gewohnheit, sagt Hegel, »ist der Mechanismus des Selbstgefühls« (Enz. [1830] § 410; GW 20, 416), die zweite Natur, will heißen: gesetzte Unmittelbarkeit des Seins der Seele.[31] Zur Gewohnheit fortentwickelt hebt die Seele den Unterschied ihrer Natürlichkeit und ihres Selbstgefühls mit Geschick[32] in sich auf und wird wirkliche Seele im Sinne vollzogener Einheit natürlicher Äußerlichkeit bzw. Leiblichkeit und fühlender Seeleninnerlichkeit. »Die Seele ist als diese Identität des Innern mit dem Aeußern, das jenem unterworfen ist, *wirklich*; sie hat an ihrer Leiblichkeit ihre freie Gestalt, in der sie *sich* fühlt und *sich* zu fühlen gibt, die als das Kunstwerk der Seele *menschlichen*, pathognomischen und physiognomischen Ausdruck hat.« (Enz. [1830] § 411; GW 20, 419) Hegels Stellung zur klassischen Leib-Seele-Thematik ist damit umschrieben. Das Verhältnis von Leib und Seele kann weder durch die Unterscheidung leiblicher Materialität und seelischer Immaterialität, noch überhaupt so bestimmt werden, dass beide zunächst als selbständig gegeneinander vorausgesetzt und erst sekundär vermittelt werden. Die wirkliche Seele ist nicht anders denn in der Weise durchgebildeter und individuierter Leiblichkeit; umgekehrt kann vom Leib des Menschen nur als einem beseelten die Rede sein, wohingegen er sonst nur als toter Körper in Betracht kommt.

Die wirkliche Seele hat ihren Leib nicht lediglich auf körperliche Weise, sondern beseelt ihn dergestalt, dass er von ihr perichoretisch durchdrungen und zum Organ ihrer seelischen Selbstexplikation gestaltet wird. Sie wohnt, nachdem sie durch Gewohnheit Besitz von ihm ergriffen hat, ihrem Körper leibhaft ein dergestalt, »daß die Funktionen der Körperlichkeit nicht bloß Funktionen der Leiblichkeit sind, sondern der Geistigkeit« (GW 25/1, 402). So wird der Körper Eigentum der Seele und sie zur bestimmenden Größe seiner Leibhaftigkeit, deren Tätigkeit sie als die ihrige setzt (vgl. GW 25/1,

....

31 Der Mensch ist ein Gewohnheitstier der besonderen Art. Er vermag durch beständige Wiederholungen eine Routine zu entwickeln, die nicht lediglich automatischen, sondern habituellen Charakter hat. Im menschlichen Habitus ist ein bestimmtes Verhalten dergestalt in Fleisch und Blut übergegangen, dass der Leib ohne bewussten Willenseinsatz zum willfährigen Instrument seiner Seele wird (vgl. A. Stache, Gewohnheit als Ein- und Durchbildung der Leiblichkeit. Zur Anthropologie in Hegels Enzyklopädie, in: A. Arndt [Hg.], Das Leben denken. Erster Teil, Berlin 2006 [Hegel-Jahrbuch 2006], 274–279). Ist Gewohnheit in habitueller Form eine prämoralische Tugend, so wird sie zur Untugend, wenn sie zum bloßen Automatismus herabsinkt. An den von Hegel unterschiedenen Modi der Gewohnheit lässt sich dieser Sachverhalt verdeutlichen. Durch wiederholte mentale Distanzierung von andrängenden äußeren Empfindungen wie etwa durch Kälte gereiztes Frieren, kann man willkommene Abhärtung erlangen, die aber zur Abstumpfung führt, wenn das entsprechende Maß nicht eingehalten wird. Analoges trifft für Gleichmutsübungen in Bezug auf sinnliche Bedürfnisse oder für den virtuellen Erwerb von Geschicklichkeiten zu. Wer nicht täglich Klavier spielt, wird nie ein Virtuose; er verfehlt seine Kunst aber auch dann, wenn er zum Spielautomaten degeneriert. Gewohnheit ist ein hohes Gut, wenn der Mensch sie in den Dienst seiner Freiheit stellt. Erliegt er hingegen ihrer Macht, statt sie zu beherrschen, dann knechtet sie ihn und er wird zum Sklaven im eigenen Hause. – Mittels der Gewohnheit bildet sich die Seele dem Körper ein, den sie beseelt, um ihn zu ihrem Leib durchzugestalten und sich heimisch einzurichten in ihm. Ganz zu Hause wird sich die Seele aber in ihrem eigenen Leibe nie fühlen, weil er sich gänzlicher Inbesitznahme durch sie entzieht. Die gute Seele kompensiert diesen Mangel nach Hegel am besten durch Gelassenheit, also dadurch, dass sie sich durch den leiblichen Widerstand in keinen antagonistischen Gegensatz zwingen, sondern den Leib als bloßen Naturkörper sein lässt im doppelten Sinne des Begriffs. Ohne gelassenes Seinlassen des bloß Natürlichen am Leibe kann es keinen dauerhaften Seelenfrieden, keinen aequus animus geben.

32 Hegels Hauptbeispiele für durch Gewöhnung erworbene Geschicklichkeit stammen vor allem aus dem sensomotorischen Bereich: Verwiesen wird »auf den aufrechten Gang, der einen fortdauernden, habituellen Willen impliziere; auf das Sehen, insofern es erst durch Übung lerne, die vielen Bestimmungen routiniert zu vereinigen; und sogar auf das Denken, das, insofern es auch eine leibliche, empfindende Seite hat, Gewohnheit voraussetze, wenn es nicht, wie bei Ungeübten oft der Fall, ,Kopfweh' bereiten soll« (B. Merker, Über Gewohnheit, in: L. Eley [Hg.], 227–243). Zur Gewohnheit der Abhärtung, die durch wiederholte Übung gewonnen wird, vgl. im Einzelnen GW 25/2, 728ff.

403).[33] Dadurch gewinnt der Leib selbst ein eigentümliches geistiges Gepräge, durch welches er sich »weit mehr, als durch irgend eine bloße Naturbestimmtheit, von den Thieren unterscheidet« (WW X, 248). An diversen Phänomenen durchgeistigter Leiblichkeit wie Gestik, Mimik und Gebärdenspiel, an Nicken, Kopfschütteln, Stirnrunzeln, Naserümpfen usw. und nicht zuletzt an den Fertigkeiten, zu denen die Menschenhände und -füße gerade durch die Entspezifizierung ihrer Funktion befähigt sind[34], illustriert Hegel diesen Sachverhalt, der indes recht eigentlich keinen Sachverhalt, sondern das vollendete Ursprungsverhältnis der Seele zum Leib als dem Anderen ihrer selbst darstellt. Die wirkliche Seele hat sich ganz in ihren Leib hineingebildet und ist – aristotelisch zu reden – zur Form seiner Materie bzw. seiner materiellen Bestände geworden. Indes ist die bisher in Betracht gezogene »Hineinbildung der Seele in ihre Leiblichkeit keine *absolute*« (WW X, 253), sondern eine relative, man kann auch sagen: gewohnheitsmäßige.

Leib und Seele halten, wenn man so will, wie ein in die Jahre gekommenes Paar problemlos zusammen, solange nichts Außergewöhnliches geschieht. Dieser Zustand ist schätzenswert, birgt aber, wie die Gewohnheit überhaupt, Gefahren in sich, die ihrerseits nicht zu unterschätzen sind. Obgleich nämlich der Mensch durch sie »einerseits frei wird, so macht ihn dieselbe doch andererseits zu ihrem *Sclaven*, und ist eine zwar nicht *unmittelbare*, *erste*, von der Einzelnheit der Empfindungen beherrschte, vielmehr von der Seele *gesetzte*, *zweite* Natur, – aber doch immer eine *Natur*, – ein die Gestalt eines *Unmittelbaren* annehmendes *Gesetzes*, – ein selber noch mit der Form des *Seyns* behaftete *Idealität* des Seyenden, – folglich etwas dem freien Geiste Nichtentsprechendes, – etwas bloß *Anthropologisches*« (WW X, 241). Dabei kann es nicht bleiben, wenn es zu einem entwickelten Bewusstsein und Selbstbewusstsein kommen soll. Zum aktuellen Anlass für die Seele, es nicht bei der gewohnheitsmäßigen Liaison mit ihrem Leib zu belassen, sondern sich von ihm zu emanzipieren, wird die Einsicht werden, dass der Leib seine körperlichen Anteile der Seele tendenziell entzieht, so dass diese keine Macht und Möglichkeit hat, des Gesamtorganismus' Herr zu werden. »Indem die Seele zum Gefühl dieser Beschränktheit ihrer Macht gelangt, reflectirt sie sich in sich und wirft die Leiblichkeit als ein ihr *Fremdes* aus sich hinaus.« (WW X, 253) Wo »Es« war, ist »Ich« geworden: »das Ich ist der durch die Naturseele schlagende und ihre Natürlichkeit verzehrende Blitz« (WW X, 254), der auf

---

33 »Die menschliche Gestalt ist zugleich Kunstwerk der Seele und natürlicher Leib, die natürliche Gestalt zeigt überall das Geistige darin, wie sich das Fürsichsein der Seele konkret bestimmt. Der Mensch unterscheidet sich vom Thiere durch seine Gestalt, aber worin der physiologische Unterschied besteht ist schwer zu sagen und die Physiologen haben einen bedeutenden, schlagenden Unterschied noch nicht gefunden. ... Der Hauptunterschied ist das was die Seele an dem Körper thut, die Einbildung der Seele in den Körper, so daß er ein Zeichen der Seele ist und dieß ist es was der äusseren menschlichen Bildung das Ausgezeichnete giebt. Es gehört hierzu die aufrechte Gestalt überhaupt, die Bildung insbesondere der Hand, als des absoluten Werkzeugs, des Mundes, das Lachen, Weinen pp und der über das Ganze ausgegossene geistige Ton, welcher den Körper unmittelbar als Äusserlichkeit einer höheren Natur kund giebt.« (GW 25/1, 407; vgl. GW 13, 192)

34 Entscheidend ist, wie Hegel sagt, »was die Seele in den Körper hineinlegt: die aufrechte Stellung sein Verhältniß seine Richtung im Raum ist, was sich der Mensch selbst gibt; er stellt sich selbst auf seine Hinterbeine; er will stehen, dies ist seine absolute Stellung im Raum; so seine Hand ist nur menschlich und ein vielfach bewegliches und bildendes, ein Werkzeug zu allem, was der Mensch bildet.« (GW 25/2, 740; Kursivierungen sind nicht wiedergegeben.)

erschreckende Weise »ein *Erwachen höherer* Art« (WW X, 254) bewirkt, womit in der Geschichte des subjektiven Geistes ein neues Kapitel aufgeschlagen ist.[35]

6. Epilegomena oder: Wider die Naturalisierung des Geistes

Die Geschichte seiner natürlichen, infantilen Herkunft steht nicht in der unmittelbaren Verfügungsgewalt des Ich, weil sie, wenn man so will, selbstlos, unwissentlich, unwillkürlich abläuft bzw. abgelaufen ist. Sie lässt sich daher auch nicht ohne weiteres nacherzählen, weil ihre Story prähistorischer Natur ist. Soweit mit ihr Empfindungen verbunden waren und sind, bleiben diese noch unorgansisiert und jenseits von Wissen und Wollen. Zwar bilden Empfindungen den Anfang jeder bewussten Erfahrung, ohne doch an sich selbst schon zu einem entwickelten Erfahrungsbewusstsein gelangt zu sein. Auch sie gehören ebenso wie die von Hegel beschriebenen Gefühle noch der vor-, unter- bzw. unbewussten Sphäre des menschlichen Seelenlebens an.[36]

Um sich die Stellung der Lehre vom Unbewussten in Hegels Theorie des subjektiven Geistes noch genauer zu verdeutlichen, mag ein abschließender Vergleich mit dem Denken des gut ein Jahrzehnt nach Hegels Tod geborenen Eduard von Hartmann nützlich sein, der als Philosoph des Unbewussten in die Philosophiegeschichte eingegangen ist.[37] Seiner Auffassung zufolge waltet in allen Dingen vom anorganischen Bereich über vegetabilisch-animalische Entitäten bis hin zum Menschen ein unbewusster und unpersönlicher Vitaldrang, der zwar Geist und Wille genannt wird, ohne doch über ein

---

35 Das Erwachen des Bewusstseins zum Wissen um sich selbst, wie es im selbstbewussten Ich statthat, erfolgt nach Hegel blitzartig. Es ist »ein höheres Erwachen als wir es bisher gehabt haben, es ist gleichsam der Blitz der in das Natürliche hineinschlägt« (GW 25/1, 415). Das seiner selbst bewusste Ich weiß sich als Größe zwar in der Welt, aber nicht von der Welt, weil alles, was in der Welt gegenständlich begegnet, unter der Bedingung steht, gewusst werden zu können. Hegel nennt dieses potentiell unbegrenzte Wissenkönnen, welches dem Ich an sich selbst eignet, Negationsfähigkeit überhaupt. Durch dieses Vermögen ist das Ich allem Weltlichen entnommen, so offenkundig es als empirisches Subjekt der Welt zugehört. Auch durch Selbsterfahrung ist das Wesen des Ich als einer transmundanen Einheit nicht zu erfassen. Es lässt sich natürlicherweise nicht genetisieren. Darauf vor allem ist der Blitzvergleich bezogen. Die dem Ich eigentümliche Genese und die Bedeutung, die in diesem Zusammenhang dem Du als alter Ego etc. zukommt, hat Hegel im zweiten Teil seiner Lehre vom subjektiven Geist thematisiert.

36 »Das Unbewusste in Hegels Philosophie des subjektiven Geistes« ist ausführlich thematisiert in der gleichnamigen Studie von A. Masullo, in: D. Henrich (Hg.), Hegels philosophische Psychologie, 27–63. Zum Schluss werden Hegels Gedanken mit denen Freuds in Beziehung gesetzt. Zum Begriff des kollektiven Unbewussten vgl. 42. Auf die eigentümliche methodische Schwierigkeit, vom Un-, Unter- bzw. Vorbewussten zu handeln, hat Hegel wiederholt hingewiesen. Sie liegt in dem schlichten Sachverhalt begründet, dass eine Theorie des Nichtbewussten Bewusstsein zur Voraussetzung hat. Zwar ist dem Bewusstsein, wenn es Bewusstloses zum Gegenstand hat, bewusst, dass es sich bei dessen Sein um kein Bewusst-Sein handelt. Aber auch diese Einsicht hat Bewusstsein zur Voraussetzung. Insofern muss jede Theorie des Unbewussten Bewusstsein, »den entwickelten, gebildeten Geist anticipiren« (GW 25/1, 222). Zu solcher Antizipation gehört u. a. die Vorwegnahme der Fähigkeit zu sympathetischem Mitgefühl, ohne welches die Sphäre des Präreflexiven prinzipiell nicht zu erfassen ist. Generell gilt, dass Bewusstsein Unbewusstes überhaupt nur deshalb wahrzunehmen vermag, weil es bleibenden Anteil an ihm hat, was die Möglichkeitsbedingung jeder Anteilnahme ist.

37 E. v. Hartmann, Ausgewählte Werke. Band VII – IX: Philosophie des Unbewussten (11. Aufl.). Erster Theil: Phänomenologie des Unbewussten. Zweiter Theil: Metaphysik des Unbewussten. Dritter Theil: Das Unbewusste und der Darwinismus, Leipzig 1904. Erstmals erschienen ist das Werk in den Jahren 1869–1871. Einen Überblick über die Perioden seiner schriftstellerischen Tätigkeit gibt v. Hartmann a.a.O., I, XXff.. I, XXXIIff. entwickelt er in Abgrenzung zu den Termini des Minder-, Unter- und Außerbewussten den Begriff des (relativen und absoluten) Unbewussten, das er auch bei der Entstehung der Sprache (vgl. I, 254ff.) und im Denken (vgl. I, 261ff.) am Werke sieht.

entwickeltes Bewusstsein seiner selbst und der Welt zu verfügen, die er hervorbringt. Zu Bewusstsein kommt der vom unbewussten Allverlangen hervor- und vorwärtsgetriebene Prozess im Menschen, der allein in der Lage ist, ihn zu steuern, umzulenken und rückläufig zu gestalten, damit dem unseligen Treiben, welches viel Drangsal und Übel mit sich bringt, durch bewussten Triebverzicht bzw. entsprechenden Sublimationen möglichst bald ein Ende bereitet wird.

Von Hartmann hat seine spekulative Theorie des Unbewussten empirisch abzusichern und zu fundieren versucht, sie aber zugleich mit dem traditionellen Titel der Metaphysik versehen, als deren vorläufiges Endresultat er sein Werk den Zeitgenossen präsentierte. Zwar habe die an Kant anschließende philosophiegeschichtliche Kritik »unwiderleglich bewiesen, dass die apodiktisch gewisse Metaphysik a priori ein für allemal tot ist«[38]; doch »(w)arum sollte nicht aus der abgethanen deduktiven Metaphysik a priori eine induktive Metaphysik a postiori sich entpuppen können, da doch aus der Alchemie eine Chemie, aus der Astrologie eine Astronomie hervorgegangen ist?«[39] Hartmann ist um eine Antwort auf seine rhetorische Frage nicht verlegen: »Die Geschichte der Metaphysik lässt es als die nächste Aufgabe erkennen, den *konkretmonistischen Pantheismus* auf Grund der *induktiven Methode* und der *transcendental-realistischen Erkenntnistheorie* durchzubilden, das absolute *substantielle Subjekt* des Theismus ohne dessen Bewusstsein, Selbstbewusstsein und Persönlichkeit in den Pantheismus hereinzunehmen, den einseitigen Panthelismus und Panlogismus vermittelst zweier *koordinierter Attribute* der Substanz zu überwinden, der materialistischen Abhängigkeit des bewussten Geisteslebens von organischen Funktionen uneingeschränkt Rechnung zu tragen und dem *Individuum* eine *würdigere* und *relativ selbständigere* Stellung als im abstrakt monistischen und naturalistischen Pantheismus anzuweisen, *ohne es darum zu hypostasieren*. In diesem Sinne habe ich die Aufgabe der Metaphysik seit der Mitte der sechsiger (sic!) Jahre aufgefasst und mich bemüht, zu ihrer Lösung beizutragen. Ob ich die Aufgabe damit richtig erfasst habe, und inwieweit es mir gelungen sei, ihrer Lösung näher zu kommen, das zu erörtern, muss künftigen Geschichtschreibern vorbehalten bleiben.«[40]

Hält man sich an Hegel und sein Verständnis von Philosophie und ihrer Geschichte, dann wird das Urteil über Hartmanns Metaphysik nicht allzu günstig ausfallen können. Ihr voluntaristischer Vitalismus muss vielmehr im Gegenteil als tendenziell unvernünftig und gegen die Ansprüche der Vernunft an das Menschenleben gerichtet beurteilt werden. Die Tatsache, dass v. Hartmann unter dem Einfluss von Hegels einstigem Berliner Kollegen Arthur Schopenhauer den als Grund allen Seins waltenden vitalen Urwillen pessimistisch und den menschlichen Glückstrieb als Illusion eingeschätzt hat, ändert daran nichts. Denn entscheidend ist die Frage, ob das Menschenleben und dasjenige, was Geist heißt, eine Funktion der Natur und eine Folge naturhafter Prozesse darstellt oder ob der menschliche

....

38 E. v. Hartmann, Ausgewählte Werke. Band XI: Geschichte der Metaphysik. Erster Teil: Bis Kant. Zweiter Teil: Seit Kant, Leipzig 1899/90 (Neudruck: Darmstadt 1969), hier: II, 593.

39 A.a.O., II, 594.

40 A.a.O., II, 599f. Beginnen lässt v. Hartmann die Geschichte der Metaphysik wie die meisten ihrer Historiographen bei den Griechen vor Sokrates und Platon: »Hier zum ersten Male tritt das Bestreben auf, die Metaphysik aus der Verquickung mit phantasiemäßig durchgebildeten religiösen Anschauungen zu lösen, auf eigne Füsse zu stellen und durch verstandesmäßige Begriffsreflexionen in eine wissenschaftliche Form zu bringen.« (A.a.O., I, 1)

Geist trotz und unbeschadet seiner natürlichen Bindung von seinem Wesen her dazu bestimmt und in der Lage ist, die Natur einschließlich der Natur des eigenen zu transzendieren und vernünftig zu gestalten.

Hegels Maxime ist eindeutig: Aus Es soll Ich nicht nur werden, sondern ist Ich tatsächlich immer schon geworden und zum Bewusstsein seiner selbst gelangt. Das selbstbewusste Ich ist zwar keine »meta-physische« Größe von naturenthobener Spiritualität, sondern psychosomatisch verfasst, also eine differenzierte Einheit von Leib und Seele, Geist und körperlicher Natur. Nichtsdestoweniger ist es Hegel zufolge unstatthaft und wider den humanen Begriff des Menschen gerichtet, wenn Geist und seelische Erscheinungen des menschlichen Daseins als Epiphänomene von Körperlichkeit bewertet und auf materielle Substrate reduziert werden, die prinzipiell dem Bereich des Vor-, Unter- und Unbewussten angehören.

Zwar bleibt der Mensch zeitlebens von der unbewussten Natursphäre umgeben, von der er herkam, ja sie prägt ihn nicht nur von außen her, sondern auch innerlich. Dennoch ist von der menschlichen Bestimmung her die Aufgabe gestellt und auch die Möglichkeit gegeben, sich das Unbewusste seiner natürlichen Herkunft und aktuellen Prägung zu Bewusstsein zu bringen, statt es bewusst oder unbewusst darauf anzulegen, sich dem Prozess vernünftiger Selbstwahrnehmung zu entziehen. Dass dieser Bestimmung nicht nur Hemmnisse, sondern gewaltige Widerstände entgegenstehen, die hinabreichen in die Tiefendimensionen menschlichen Daseins, trifft ebenso zu wie die Feststellung, dass die Befreiung von den Ursprungsmächten unbewusster Natur die Kräfte der Moral übersteigt. Kundige Psychotherapeuten und Seelsorger wissen dies und haben es immer schon gewusst! Doch wissen sie auch, dass der Wunsch nach infantiler Regression, so verständlich er in manchen Situationen sein mag und tatsächlich ist, und die Sehnsucht, sich im Unbewussten zu versenken, keine dauerhafte Lebenshilfe zu bieten vermögen.

Dauerhafte Hilfe in Leibes- und Seelennöten vermag nur das Vertrauen auf die Macht des Geistes zu geben, ohne welches bewusstes und selbstbewusstes Leben des Menschen in der Welt nicht möglich ist. Für Hegel sind Geist und Vernunft im Wesentlichen eins. Dies muss und darf nicht hindern, zuletzt auch des Hl. Geistes zu gedenken, dessen Wesen und Wirken nach christlichem Urteil höher ist als alle menschliche Vernunft. Die Theologie nennt ihn den göttlichen Schöpfergeist, der alles, was ist, und namentlich die leibhafte Menschenseele ins Sein gerufen hat, darin erhält und durch Lenkung und Leitung dem Ziel der Vollendung zuzuführen gewillt ist. Von ihm steht geschrieben, dass er unserer Schwachheit aufhilft und für uns mit unaussprechlichem Seufzen eintritt (Röm 8,26). Der göttliche Geist vermag und tut dies, weil er in seiner Allwissenheit weiß, was es heißt, nicht nur nicht allwissend, sondern – wie das Menschengeschöpf samt aller Kreatur – in vieler Hinsicht unwissend, ungewiss und in der Sphäre des Vor-, Unter- und Unbewussten befangen zu sein, vielfach ohne ein auch nur anfängliches Bewusstsein davon zu haben.

»Ein Abgrund ruft den anderen« – Überlegungen zum 42. Psalm

ADOLF HOLL

Der 42. Psalm der hebräischen Bibel versteht sich als Klage, komponiert in der Fremde, zur Erinnerung an die Musik im Tempel von Jerusalem. Es geht dabei um die Sehnsucht nach dem lebendigen Gott. »Wie der Hirsch lechzt nach frischem Wasser, so lechzt meine Seele, Gott, nach dir.« Schon in diesem ersten Vers wird ein Ernst beschworen, in dem es um Leben und Tod geht. Ohne Wasser, das ist gewiss, ist das Ende nahe. In Vers 11 wird die Situation noch weiter zugespitzt. »Wo ist nun dein Gott?« Bei Tag und bei Nacht unter Tränen ist der Beter dem Hohn seiner Bedränger ausgesetzt. Diese höhnische Frage vernimmt der Autor aus dem Abgrund der Trostlosigkeit. An dieser Stelle kippt der Psalm dann ins Bedrohliche: In Vers 8 heißt es: »Flut ruft der Flut zu beim Tosen deiner Wasser, all deine Wellen und Wogen gehen über mich hin«. Der Abgrund der Trostlosigkeit ruft den Abgrund, der im Getöse der Sturzbäche auftaucht.

Gleichwohl und ausdrücklich in der Ich-Form wird aber auf einer Frage beharrt, deren Unbescheidenheit besticht. Sie ist in Vers 3 so formuliert: »Wann darf ich kommen und Gottes Antlitz schauen?« Hier ist ganz wesentlich zu beachten, dass Gott in der hebräischen Bibel seinen Anblick mit sofortigem Tod bestraft.

In Exodus 33,20 heißt es entsprechend: »Du kannst mein Angesicht nicht sehen; denn kein Mensch kann mich sehen und am Leben bleiben.«

Gegenwärtig, im digitalen Zeitalter des 21. Jahrhunderts, erscheint für viele Menschen weder Mensch noch Gott als abgrundtief. Unter religionswissenschaftlichem Blick verrät dies ein Defizit sondergleichen, denn aus den Tiefen der Zeiten betrachtet bleibt die Frage »Was ist der Mensch« und »Wer ist Gott« zentral. Deshalb leben wir, verglichen mit dem religiösen Erbe der Menschheitsgeschichte, in dürftigen Zeiten, und da ist es besonders wichtig und entscheidend, Erinnerungsarbeit zu leisten.

Deshalb ist gerade der 42. Psalm, der die Frage Gott weit in die Menschheitsgeschichte zurückverlegt, so einzigartig. Denn auf den Wunsch, Gott leibhaftig wahr-nehmen zu dürfen, antwortet ein unverständliches Getöse, eben ein Abgrund auf den Abgrund der verzweifelten Seele. Und in der Tiefe dieses Abgrundes und der Verzweiflung gibt es nur noch die Durchhalteparole, wie sie in Vers 12 formuliert ist: »Harre auf Gott, denn ich werde ihm noch danken, meinem Gott und Retter, auf den ich schaue.« Eine weitere Annäherung was denn der Mensch sei, leistet der Blick auf Aurelius Augustinus, der in der nordafrikanischen Stadt Hippo am 28.08.430 verstorben ist. Dort lebte er zuletzt als

Bischof. In seinem bekanntesten Buch, den »Bekenntnissen«, tritt gleich zu Beginn der Mensch auf die Bühne, der seine Sterblichkeit mit sich trägt, das Zeugnis seines Hochmuts, und deshalb keine Ruhe findet. Augustinus hat im lateinischen Original für die Bezeichnung des Ruhepols eine Zeitform gewählt, die weder als Gegenwart noch als Zukunft zu übersetzen ist, sondern als Wortspiel mit dem Konjunktiv der Wunscherfüllung. Menschwerdung heißt für Augustinus, eine Richtung eingeschlagen zu haben, die zu Gott hinführt.

Gestört wird diese Einsicht durch die pessimistische Grundierung der Wahrnehmung des Menschlichen in der Gedankenwelt Augustins. Sein Schlagwort von der »Masse der Verdammten« setzt einen Plan Gottes mit seinen Kreaturen voraus, dessen gutes Ende eine Ausnahme bleibt. Das hat der Allwissende selbstverständlich immer schon gewusst und für richtig gefunden. Die bange Frage des Ich, ob es zu den Ausgewählten gehört, muss prinzipiell ohne Antwort bleiben. Erst sehr spät kann Augustinus in den Confessiones 10,27 schreiben: »Du hast mich mit lauter Stimme gerufen und meine Taubheit zerrissen, du hast geblitzt und geleuchtet und meine Blindheit verscheucht, du hast mir süßen Duft zugeweht; ich habe ihn eingesogen, und nun seufze ich nach dir. Ich habe dich geschmeckt, und nun hungere und dürste ich nach dir. Du hast mich berührt, und ich bin entbrannt in deinem Frieden.«

Hier zumindest scheint für Augustinus eine Möglichkeit gefunden worden zu sein, Gott wahrzunehmen und deshalb zu den Ausgewählten zu gehören. Dennoch, mit der Lehre von der Vorherbestimmung (Prädestination) sind wir in der Schattenseite gelandet, die Augustinus dem christlichen Abendland zugemutet hat. Denn mit dieser Lehre sind die Guten und die Bösewichte schon von Anfang an festgelegt. Für die Bösewichte bleibt das Antlitz Gottes verhüllt, die Guten können ihn, wie in den Confessiones beschrieben, in einer ganz individuellen Art und Weise wahrnehmen.

Zuletzt ein Blick auf Anselm von Canterbury (✝ 1109), der Benediktinerabt und Erzbischof war. Der Nachhall seines Denkens ist bis in die Gegenwart unbestritten. In Anselms Auseinandersetzung mit dem göttlichen Du rumort eine Kümmernis, die nicht verschwiegen wird. Nie habe ich dich gesehen, so Anselm, Herr Gott, ich kenne dein Antlitz nicht. Bitter geworden ist mein Herz in seiner Verlassenheit. Vergönne mir, dein Licht zu schauen, wenigstens von fern, wenigstens aus der Tiefe. So hat dies Anselm formuliert, der im Wesentlichen der Welt entsagt hat und der es gewohnt war, vor Sonnenaufgang aufzustehen und mit seinen Mitbrüdern im Chorgestühl Psalmen zu rezitieren, bis es nach einem kargen Morgenmahl zum Arbeitsbeginn auf die Felder oder in die Schreibstube ging.

Wenigstens von fern; das hätte auch Augustinus so formulieren können, mit dem Anselm durchaus vertraut war. Wie hoch Anselm von Gott gedacht hat, ist seinem berühmten Argument zu entnehmen, Gottes Existenz folge denknotwendig aus seinem Begriff, der als nicht steigerungsfähig zu denken ist.

Trotz dieses von Anselm entwickelten Arguments bleibt bei ihm eine ständige Anfechtung, ob es Gott gibt oder nicht, bestehen, denn für ihn hat es noch nie eine persönliche Begegnung gegeben. Nicht einmal in der Weise, wie es bei Augustinus in den Bekenntnissen formuliert ist. Vielmehr bleibt auch Anselm in seiner Sehnsucht nach dem lebendigen Gott, dem Text des 42. Psalms mit seiner abgrundtiefen Traurigkeit verbunden.

Nun zurück zum Anfang: Was ist der Mensch? Bei Blick auf den 42. Psalm, der mehr als 2500 Jahre alt ist, kann gesagt werden, dass der Mensch am Abgrund steht und erst sein Menschsein entdeckt, wenn sich ihm Gott in irgendeiner Weise zeigt. »Wie der Hirsch lechzt nach frischem Wasser, so lechzt meine Seele, Gott, nach dir. Wann darf ich kommen und Gottes Antlitz schauen.« Dieser Abgrund löst sich nicht auf, sondern bleibt eine lebenslange Frage. Denn wer an einem Abgrund steht, könnte hinunterstürzen; oder das Ich ist in ein Todestal abgestiegen und ruft um Hilfe, weil es den Aufstieg nicht findet. Zu Assoziationen wird hier eingeladen, die für jeden Menschen eine andere Tiefe aufzeigen. Jedenfalls stürzen die Katarakte des Psalmisten nicht über Steine, sondern über Menschen.

Zum Schluss: Festlegungen auf endgültige Menschenbilder bleiben in religions-wissenschaftlicher Sicht problematisch und sind zu verabschieden. Felsenfeste Überzeugungen sind im Lauf meines Lebens gar nicht so selten von meiner Speisekarte verschwunden. Verhungert bin ich trotzdem noch nicht.

Die Autoren

Stefan Bott
Magister Artium, Musikhochschule Mannheim, Fachbereich Musikwissenschaft, Stuttgart

Ansgar Büschges
Prof. Dr. rer. nat., Lehrstuhl für Tierphysiologie und Neurobiologe am Institut für Zoologie, Biozentrum Köln, Universität Köln

Andreas Cramer
Direktor des Diakoniewerks Martha-Maria

Bernd Deininger
Dr. med., Chefarzt der Klinik für Psychosomatische Medizin und Psychotherapie, Krankenhaus Martha-Maria Nürnberg

Martin Ehl
Dr. med., Vorsitzender des Instituts für Psychoanalyse (DPG) Nürnberg-Regensburg, Psychoanalytiker, Lehranalytiker, Supervisor, Internist, Würzburg

P. Anselm Grün
Dr. theol., Autor, Kursleiter, geistlicher Begleiter, Mönch der Benediktinerabtei Münsterschwarzach und Bestsellerautor

Adolf Holl
Univ. Doz. Dr. theol. Dr. phil., Religionswissenschaftler, freiberuflicher Autor, Wien

Wolfgang Schmidbauer
Dr. phil. Dipl.-Psych., Psychoanalytiker, Autor, Supervisor, München

Gunther Wenz
Prof. Dr. theol. Dr. h. c., emeritierter Professor für Systematische Theologie der Evangelisch-Theologischen Fakultät der Ludwig-Maximilians-Universität München, leitet derzeit die Wolfhart Pannenberg-Forschungsstelle an der Münchner Hochschule für Philosophie